シリーズ・はじめて学ぶ社会福祉

養護原理

大島 侑 監修　遠藤和佳子／谷口純世／松宮 満 編著

ミネルヴァ書房

シリーズ刊行によせて

　ここ10年，社会経済はサービス化，情報化，少子化，高齢化，多元化，分権化という急激な変化のなかにある。福祉行政においても，老人福祉法等関係八法の改正，高齢者保健福祉計画や地方自治体の老人保健計画，さらには公的介護保険の導入等，多様な政策展開の試みがみられる。しかし，その実はいたずらに体制づくりのハード面の策定のみにとらわれ，その理念や国民的合意に基づく内容や基盤整備を含むソフト面に立ち遅れの感があることは否めない事実である。

　これらの状況を踏まえて，本シリーズは基本的な考え方として，原点をふまえつつ考え直す（rethinking）というスタンスをとり，初心者にも容易に理解でき，しかも一味違うものにしたいとの思いをこめて企画した。そのために，極力明解な解説と独創的な発想を心がけ，社会福祉の考え方と論理を身につけられるように配慮した。

　各執筆者にも，社会福祉のあり方をめぐって，援助技術や分野別の項目について充分検討をいただき，バックボーンとなる思想，さらには福祉専門職が取り組んでいる実践活動をふまえたうえで，新展開への指針を示すことができるように留意していただいた。

　多忙ななか執筆いただいた方々と，ミネルヴァ書房のご協力に対し改めて感謝の意を表したい。また本シリーズを福祉専門職，学生をはじめとする社会福祉に関心のある多くの方々に目を通していただき，ご批判やご意見をいただければ幸いに思う次第である。

　1998年6月

大島　侑

まえがき

　子どもたちは，誰かの手をしっかりと握りしめながら大きくなっていく。
　赤ちゃんの小さな手は，自分を見守ってくれている大人の人差し指をぎゅっと握りしめているだろう。そうしながら，暖かな愛情を感じている。幼児になったときもそうである。幼児になって歩けるようになると，散歩で隣にいてくれる人の優しい手を離すことなく，太陽のぽかぽかした光を眩しく感じるのではないか。中学生や高校生ともなると手をつなぐ機会こそ減るものの，それでも困ったときには自分のことを心配してくれる人から手をさしのべてもらうだろう。
　このように子どもたちは，それぞれの成長段階に応じて，いつも誰かの手を握りしめながら生きている。
　だが今の社会にあって，子どもたちは大人たちのもとへ駆けよることが必ずしもできなくなっている。その一つの理由に，虐待ケースの増加が挙げられる。子どもたちは，それぞれの成長段階で必要とする，自分を守ってくれている大人の優しい手を感じることができなくなっているのである。
　このように考えるなら，子どもたちの小さな手を握りしめて，彼らの成長を見守り続けていくためには，子どもたちのことだけを考えるだけでは不充分であることが分かるだろう。子どもたちの成長を見守るためには，親たちをはじめとする家庭のこと，子どもや家庭が暮らしている地域社会のこと等も考えていく必要があるはずだ。そればかりではない。それらをとりまいている制度，体制も重要となる。さらに子どもが成長するために不可欠な施設や，そのスタッフ，施設やスタッフをとりまく環境等のことも知っておかなくてはならないだろう。養護原理は，こうしたことをトータルに学習するものである。
　そうすることで，子どもたちが，つないでいた大人たちの手を離すことがで

きるほどに成長したときには，彼らも一人の大人として，次世代の子どもたちの手を優しく握り，笑顔のバトンを世代から世代へと渡していってくれるようにする。そうできたら，どんなに嬉しいだろう。子どもたちが彼らのウェルビーイング（幸せ）を追求しうる社会を実現する。それこそが養護原理の目的なのである。

2008年11月

編者　遠藤和佳子
　　　谷口　純世
　　　松宮　満

目　次

まえがき

第Ⅰ部　子どもの養護とは

第1章　子どもの養護 …………………………………………………… 2

1　子どもの養護の基本概念 ……………………………………………… 2
「養護」とは何か…2　家庭養護・施設養護・社会養護…4

2　変化する養護のあり方 ………………………………………………… 5
児童福祉施設による「保育・子育て支援」に対する積極的関与
…5　家庭養護の拡充…6　地域で担う子育て…7

3　現代社会と子どもの養護 ……………………………………………… 8
子どもや家族をとりまく環境…8　児童福祉から子ども家庭福祉
へ…10　子どもの権利条約…12　児童福祉法の理念…12　児童憲
章…13

4　養護の基本原理 ………………………………………………………… 13

第2章　子どもの養護の体系 …………………………………………… 18

1　子どもの養護の体系を理解するために ……………………………… 18

2　子どもの養護のとらえ方 ……………………………………………… 19
家庭養育…19　家庭的養護…19　施設養護…19　社会養護・在宅
ケア・通所ケア…20

3　児童養護の体系 ………………………………………………………… 22
家庭的養護…22　施設養護…23　社会養護…24

4　これからの児童養護の方向性 ………………………………………… 25
児童養護の基本的な考え方と動向…25　これからの児童養護のあ
り方…26

iii

第3章　子どもの養護の歴史と現状……29

1　子どもの養護の黎明……29
わが国最古の児童保護事業——仏教思想を背景とした慈善事業…30　わが国におけるキリスト教児童保護事業の黎明…30

2　明治時代（1868～1912年）の児童保護事業……31
明治初期の児童保護関連施策…31　瓜生岩と東京府養育院…32　石井十次と岡山孤児院…33　石井十次の実践の特徴…35　留岡幸助と家庭学校…36　保護を要する子どもに関するホワイトハウス会議…37

3　大正期（1912～1926年）～終戦（1945年）までの児童保護事業…37
近代化の光と影——児童労働の問題…37　大正期から終戦までの児童保護関連法…38　太平洋戦争への歩み…39　施設の子どもたちとともにガス室に入った孤児院長J.コルチャック…39

4　戦後（1945年～）の児童養護……40
戦災孤児に対する保護…40　児童福祉法の制定…40　ホスピタリズム論争…41　永続性計画（パーマネンシー・プランニング）…42

5　子どもの養護の現状——わが国における子ども虐待時代の到来………42
入所児童数の低下と養護施設不要論…42　「家庭的養護」へのシフト…43

6　歴史から学ぶ子どもの養護の鍵……44

第4章　子どもと親への援助……47

1　子どもと家庭の課題……47
子ども自身の課題…48　家庭の抱える課題…50

2　子ども・家庭を支える機関・施設の課題……51
子どもの養護にかかわる職員の労働環境に関する課題…51　子どもの養護にかかわる職員に関する課題…51　1人ひとりに対応した支援…52　真のニーズへの気づき…52　専門職としての知識・技術…52

3　子どもの養護をとりまく共通課題……54
家庭支援の重要性…54　自立支援および地域支援の重要性…55

第5章　子どもの養護にかかわる法律・施策・制度 …… 58

1. 子どもの養護実施に向けて …… 58
   少子化対策 …58　要保護児童に向けた施策 …60　障害児に向けた施策 …61　支援対象・メニューの拡大 …62　ひとり親家庭に向けた施策 …62

2. 子どもの養護にかかわる主な法律（児童福祉六法）…… 63
   児童福祉法（1947年）…63　児童扶養手当法（1961年）…65　特別児童扶養手当等の支給に関する法律（特別児童手当法・1964年）…66　母子保健法（1965年）…67　児童手当法（1971年）…67　母子及び寡婦福祉法（1964年）…68　父子家庭への支援 …69

3. 子どもの養護にかかわる法律 …… 70
   発達障害者支援法（2004年）…70　障害者自立支援法（2005年）…71　児童虐待の防止等に関する法律（児童虐待防止法・2000年）…72　「虐待」の定義 …72　少年法（1948年）…73　「14歳未満」と「14歳以上」…74

4. 頻繁に行われる法改正 …… 75

第Ⅱ部　子どもの養護の援助内容

第6章　子どもの養護の援助技術 …… 80

1. 施設の概要と職員の役割 …… 80
   設備と運営基準 …80　施設養護の仕事 …81　子どもの「最善の利益」のために …82

2. 援助計画と自立支援計画 …… 83
   自己実現をめざす計画 …83　児童相談所の「援助計画」…84　施設の「自立支援計画」…85

3. 入所から退所までの流れ …… 89
   施設養護の始まり …89　施設長の親権代行と援助 …91　施設養護と退所の形態 …92

第7章 乳児院における援助内容 ... 96

1 乳児院の目的と対象 ... 96

2 子どもの日常生活 ... 97
　自立支援計画…97　無理のない計画的な日常生活（養育計画——援助計画）…97

3 事　例 ... 98
　事例の概要…98　1日の生活…98

4 アフターケア ... 100
　リービングケア時からのサポート体制づくりの必要性…100　アフターケアの重要性と実際…100

第8章 児童養護施設における援助内容 ... 102

1 児童養護施設の目的と対象 ... 102
　施設の生活環境…103　施設養護の実践…103

2 子どもの日常生活 ... 104
　保育士・児童指導員の業務…104

3 事　例 ... 106
　入所の経緯…106　家族の歴史…106　職員の連携…107

4 アフターケア ... 108

第9章 母子生活支援施設における援助内容 ... 110

1 母子生活支援施設の目的と対象 ... 110
　母子生活支援施設の役割…111

2 事　例 ... 112

3 アフターケア ... 114
　利用者とのパートナーシップ…114　生活と権利擁護の拠点として…114

第10章 情緒障害児短期治療施設における援助内容 ... 116

1 情緒障害児短期治療施設の目的と対象 ... 116

目　次

  2　子どもの日常生活………………………………………………………*117*
  3　事　例……………………………………………………………………*120*
    入所理由…*120*　入所後の様子…*120*　援助の結果…*121*
  4　アフターケア……………………………………………………………*122*

第11章　児童自立支援施設における援助内容…………*123*

  1　児童自立支援施設の目的と対象………………………………………*123*
    典型的な事例から見る児童自立支援施設の役割…*124*
  2　子どもの日常生活………………………………………………………*125*
    児童自立支援施設の形態…*125*　援助方針…*125*　学習指導…*126*
    作業活動…*127*
  3　事　例……………………………………………………………………*128*
  4　アフターケア……………………………………………………………*129*

第12章　知的障害児施設における援助内容……………*131*

  1　知的障害児施設の目的と対象…………………………………………*131*
  2　子どもの日常生活………………………………………………………*132*
  3　事　例……………………………………………………………………*132*
    基本的生活習慣の獲得に向けた支援…*132*　社会福祉専門職としての視点…*134*
  4　アフターケア……………………………………………………………*134*

第13章　肢体不自由児施設における援助内容…………*136*

  1　肢体不自由児施設の目的と対象………………………………………*136*
  2　子どもの日常生活………………………………………………………*137*
  3　事　例……………………………………………………………………*138*
    母子入園による支援…*138*　社会福祉専門職としての視点…*139*
  4　アフターケア……………………………………………………………*140*

vii

第14章　知的障害児通園施設における援助内容 …… *142*

 1　知的障害児通園施設の目的と対象 …………………………… *142*
 2　子どもの日常生活 ……………………………………………… *143*
 3　事　例 …………………………………………………………… *143*
   事例の概要…*144*　　H実への支援の概要…*144*
 4　アフターケア …………………………………………………… *146*

第15章　肢体不自由児通園施設における援助内容 ‥ *149*

 1　肢体不自由児通園施設の目的と対象 ………………………… *149*
 2　子どもの日常生活 ……………………………………………… *150*
   E園の概要…*150*
 3　事　例 …………………………………………………………… *151*
   事例の概要…*151*　　I美への支援の概要…*151*
 4　アフターケア …………………………………………………… *153*

第16章　保育所における援助内容 ……………………… *155*

 1　保育所の目的と対象 …………………………………………… *155*
 2　子どもの日常生活 ……………………………………………… *156*
 3　事　例 …………………………………………………………… *156*
   事例の概要…*156*　　支援の実際…*158*
 4　アフターケア …………………………………………………… *159*

第17章　児童館における援助内容 ……………………… *161*

 1　児童館の目的と対象 …………………………………………… *161*
 2　児童館の種類 …………………………………………………… *162*
 3　子どもの日常生活 ……………………………………………… *163*
 4　事　例 …………………………………………………………… *164*
   G児童館の概要…*164*　　母親教室…*165*

　　　　　　　　　　　　　　　　　　　　　　　　　　　　　目　次

　　5　アフターケア………………………………………………………… 165

第18章　里親における援助内容 ……………………………… 167

　1　里親制度の目的と対象 ……………………………………………… 167
　　　　里親制度とは…167　里親の種類…168　児童福祉としての養子縁
　　　　組…169
　2　子どもの日常生活 …………………………………………………… 170
　　　　「試し行動」と「赤ちゃん返り」…170　里親家庭での生活…170
　3　事　例 ………………………………………………………………… 171
　　　　再び父親の下に戻った事例…171　里親がずっと親代わりになっ
　　　　た事例…172　里親の養子になった事例…172
　4　アフターケア ………………………………………………………… 172

第Ⅲ部　施設運営管理

第19章　子どもの養護にかかわる人々 ……………………… 176

　1　専門機関における専門職員の職種と職務と資格 ………………… 176
　　　　児童福祉司…177　社会福祉主事…177　家庭相談員…177　児童委
　　　　員…177
　2　児童福祉施設における専門職員の職種と職務と資格 …………… 178
　　　　児童指導員…178　保育士…179　母子指導員…179　児童自立支援
　　　　専門員・児童生活支援員…179　家庭的養護の担い手…179
　3　施設養護職員の働きと専門性 ……………………………………… 182
　　　　児童指導員の特徴…182　児童指導員の専門性…183　児童指導員
　　　　の現状…183

第20章　児童福祉施設の運営管理 …………………………… 186

　1　児童福祉施設最低基準 ……………………………………………… 186
　　　　児童福祉施設最低基準の概要…186　児童福祉施設最低基準の構
　　　　成…188

ix

2 費　用……………………………………………………………………*191*
　　　　措置費制度…*191*　事務費と事業費…*193*　支援費制度…*195*　支援費制度の仕組みと利用の手順…*195*　児童養護から見た制度上の課題…*196*

第21章　児童養護施設の今後の課題と近未来像……*199*
　　1 社会的養護の児童施設は必要か……………………………………*199*
　　2 社会的養護の施設の課題——子どもへの権利侵害…………………*200*
　　3 児童福祉施設の近未来像と新たな国の動き………………………*201*
　　　　近未来像パートⅡの提言…*201*　社会的養護のあり方検討委員会報告…*203*
　　4 社会的養護の児童養護施設の近未来像……………………………*203*

あとがき……………………………………………………………………………*206*
さくいん……………………………………………………………………………*209*

第Ⅰ部

子どもの養護とは

第1章

子どもの養護

「養護」とは何か。本章ではまず，このことを説明する。「養護」という言葉は単純なように見えて，実はとても複雑な言葉だ。特に現代にあって，養護のあり方は転換点にさしかかっている。家庭における養護も，児童福祉施設における養護も，これまでの枠組みを越えて大きく変化し始めている。たとえば里親制度を推進し，これを家庭における養護に積極的に含めていったり，児童福祉施設が子育て支援サービスを行うようになったりしているのも，その変化の現れだ。この背景として，子どもをとりまく環境が大きく変化してきたこと，それに伴い児童福祉の考え方も大きく再考を迫られるようになったことがある。本章では以上のことを理解したうえで，養護の基本原理について検討していく。

1　子どもの養護の基本概念

「養護」とは何か

　加藤孝正は，「養護」を「家族という小集団による生活の場や家庭という生活活動が本来的にもっている養い育てる行為である『養育』と，身体的に精神的に未熟なものや障害があるものに対して危険のないように助けたり，守ったりする『保護』とを結びつけた観念を内容としたもの」と定義している。[1]すなわち，子どもが健全に成長・発達するためにサポートする養育機能と，子どもたちの成長・発達を妨げるものから守る保護機能を兼ね備えたものとして「養護」を定義しているのだ。

しかし,「養護」という言葉は,具体的にどこまでの範囲を含んでいるものなのか。これについてもう少しはっきりさせるためには,「広義の養護」と「狭義の養護」に分けて,この言葉の意味を考えてみるのがよいだろう。「広義の養護」とは大きな枠組みでとらえられた養護観であり,「狭義の養護」とはより絞り込んだ枠組みでとらえられた養護観である。

「広義の養護」には,子どもたちが心身ともに健全に成長・発達するために行われる支援やサービス,プログラムであれば,すべてが含まれる。具体的には,①親による育児,②養父母・里親などによって行われる育児,③保育所等の集団保育の場で行われる家庭における育児機能を補完する保育,④児童養護施設などにおける児童を集団で養育する居住型施設養護,⑤児童自身がもつ問題(肢体不自由・知的障害・非行など)に対応するために生活養護に加えた治療訓練・矯正教育,⑥知的障害児などの通所施設や児童厚生施設など家庭から通所して行われる治療教育的訓練や健全育成のための余暇指導,といった非常に多種多様なものを挙げることができるだろう。

これに対して「狭義の養護」では,その対象とされるものが「広義の養護」で含まれる対象のうち,特に児童福祉施設で展開されるケア・養護に限定されている。具体的には,①乳児院・児童養護施設・情緒障害児短期治療施設・児童自立支援施設などの居住型児童福祉施設で行われる養護と,②保育所・知的障害児通園施設などの通所型児童福祉施設で行われる養護がこれに相当する。さらに,このうち居住型児童福祉施設で行われる養護に限定したものが「最も狭義の養護」と言われているのである。

これまで養護原理は,「狭義の養護」や「最も狭義の養護」に限定して考えられてきた。そのため保育原理や教育原理とも,比較的明確に区別されてきたのである。すなわち,「養護原理」は主として乳児院や児童養護施設などの居住型児童福祉施設における養護を対象とし,「保育原理」は主として保育所などの通所型児童福祉施設における保育を対象とし,「教育原理」は幼稚園や小中学校などの学校教育を対象とするものとされてきた。

第Ⅰ部　子どもの養護とは

家庭養護・施設養護・社会養護

　上記のように「養護」を考えるならば，表1-1のように整理することができるだろう。

　「広義の養護」には表1-1のすべてが含まれている。「家庭養護」も，もちろんその一つだ。家族のなかでたくさんの愛情を浴びながら，「自分は愛されている」ことを子どもが肌で感じとり，安心して成長・発達し得る場をもつ，そういった子どもの健やかな育ちをめざして行われる養護を，一般的に「家庭養護」と呼んでいる。里親をはじめとする代替家庭の養護も「家庭養護」に入るものであろう。

　次に「施設養護」は，居住型児童福祉施設における養護（入所養護）と，通所型児童福祉施設における養護（通所養護）に大きく分類することができる。居住型児童福祉施設には乳児院，児童養護施設，情緒障害児短期治療施設，児童自立支援施設などがあり，子どもたちが中・長期間居住しているが，こうした施設では保護者に代わって24時間子どもの養護が行われている。他方，通所型児童福祉施設には保育所・知的障害児通園施設などがあり，こうした施設では専門的な療育やケアが展開されている。

　「広義の養護」はこれら「家庭養護」「施設養護」の両方を含むが，近年ではこれに加えて「社会養護」もここに含まれるとされている。「社会養護」という定義には必ずしも一致した見解があるわけではないが，家庭における養育を増進したり，子どもの幸せを妨げるものから家庭を守り，家庭を支援・援助したりする役割を担うものが「社会養護」であるというのは，ある程度共通している。具体的には，保健所の乳幼児健康診査・保健指導，児童委員の相談・指導，児童相談所の相談・指導などがここに分類されるだろう。

　以上のなかで「施設養護」（そのなかでも特に居住型児童福祉施設における養護）に限定したものが，「狭義の養護」とされてきた。上記のように，養護原理はこれまで，この「狭義の養護」を主に対象としてきたのである。

表1-1 児童養護の種類

福祉の内容領域 \ 養護の種類	施設養護	家庭養護	社会養護
増進予防	児童厚生施設 (児童館・児童遊園など)		保健所の乳幼児健康診査 保健指導 児童委員の相談・指導
支援	助産施設 母子生活支援施設		児童相談所の相談・指導 福祉事務所，家庭児童相談室の相談・指導 児童居宅生活支援事業 放課後児童健全育成事業 専門機関の指導・治療・療育・療育指導・育成医療
補完	保育所 知的障害児通園施設 施設通園部門	昼間里親 家庭福祉員 保育ママ	心身障害児通園事業
代替	乳児院 児童養護施設 知的障害児施設 盲ろうあ児施設 肢体不自由児施設 重症心身障害児施設 情緒障害児短期治療施設 児童自立支援施設	里親	

(出所) 山縣文治・林浩康編『よくわかる養護原理（第2版）』ミネルヴァ書房，2006年，3頁を一部修正。

2 変化する養護のあり方

　しかし近年，養護のあり方が少しずつ変化し始めている。では，養護のあり方の変化は具体的にどのような形で現れているのだろうか。以下では，重要と思われるいくつかの変化について述べていくことにしよう。

児童福祉施設による「保育・子育て支援」に対する積極的関与
　これまで「保育・子育て支援」と「施設養護」は，別々の領域にあるものと考えられてきた。「保育・子育て支援」は「家庭養護」に属するものであり，

「施設養護」を展開する児童福祉施設とはほとんどかかわりのないものとされてきたのだ。しかし近年では、「保育・子育て支援」は児童福祉施設の重要な役割に組み入れられ始めている。

　特に近年、子育てに悩む人たちが増えており、彼らの多くが育児ノイローゼ、虐待、過保護、過干渉など多くの問題を抱えるようになっている。現在コミュニティのつながりが弱くなったため、地域の人たちが子育てをともに支えることが少なくなり、そのことが、親になる人たちの自覚の欠如と相まって、さまざまな問題を生じさせていると言える。

　そのため、児童家庭支援センターを設け、そこで子育て支援プログラムを展開する施設も現れ始めている。児童家庭支援センターは、1997（平成9）年の児童福祉法改正により、地域に密着したきめ細やかな相談支援を行う児童福祉施設として創設されたもので、乳児院、母子生活支援施設、児童養護施設、情緒障害児短期治療施設、児童自立支援施設に附置されている。

　こうした児童家庭支援センターで、さまざまな子育て支援プログラムを展開しファミリー・サポート（家庭支援）を行うなど、児童福祉施設は家庭、地域、他の施設とのネットワークを構築し、新たな役割を担い始めている。

家庭養護の拡充

　生まれ育った家庭は、子どもたちの成長・発達において大きな影響を与えるものである。しかし、子ども虐待が増加の一途をたどり、その質も深刻化するなかで、生まれ育った家庭に子どもたちを置いておくことが非常に危険なケースも多く見られ始めている。そうした子どもたちは、一体どこで愛され守られているという感覚をもつことができるようになるのだろうか。

　そこで注目されるようになったのが、里親による養育である。里親たちが要保護児童をみずからの家に引き取り、親子としてともに暮らし、理解を深めながら、子どもたちが成長するうえで不可欠な感覚や感性を育むという里親制度を日本でも深く根づかせ、これを「家庭養護」として積極的に推進していこうという動きが現れている。

また里親制度にあわせて，地域小規模児童養護施設にも焦点が当たり始めている。地域小規模児童養護施設は児童養護施設の分園型として，現在その数を増しつつある，少人数の子どもが居住する小規模グループホームである。ここには愛着障害を有する子ども，家庭への復帰が当分望めないであろう子どもや，親との面会がほとんどない子ども，自立生活援助を必要としている子どもなどが入所している。こうした子どもたちは非常に困難な課題に数多く直面しており，そのため児童養護施設における援助のみでは彼らの抱えるニーズに対応できない。地域小規模児童養護施設は，そうした問題を何とか解決しようと，できるだけ家庭に近い形で子どもたちを養育すべく設置された施設なのである。こうした施設による養護も，「家庭養護」のなかに積極的に位置づけられつつある。

地域で担う子育て

子どもが安心して幸せに暮らせるようにするためには，家庭をとりまく地域とも連携をとりあい，地域に内在する多様な資源や力を積極的に有効活用していく必要がある。養護は，地域を含めた包括的なものと考えなければならなくなっている。

子どもたちが生まれ育った家庭を支援していくことが重要なのは言うまでもない。だが子どもたちが幸せに暮らせる環境を新たに作り出すべく，これからは里親，児童福祉施設，地域が連携をとりあっていかねばならないであろう。

その一例として，「児童虐待防止ネットワーク」がある。これは，①児童相談所，福祉事務所，婦人相談所など社会福祉の専門的な相談・判定機関，②保健所，社会福祉協議会などの相談・判定機関と連携する機関，③民生委員，児童委員，主任児童委員などの地域のボランティア，④その他警察や病院などの機関によって構成されている。この地域のネットワークを有効に機能させることができれば，子ども虐待に対して適切かつ速やかに対処し，子どもの命を守ることができるようになる。そういう意味で，地域に再び活力を与え再生させ，子育てを地域全体で担っていくことができるようにしていくことが大切なので

ある。

　このように見てくれば,「施設養護」「家庭養護」「社会養護」は,別々のものではないことに気づくであろう。児童福祉施設が「子育て支援」を行い「家庭養護」に積極的に関与したり,「家庭養護」自体も里親や地域小規模児童養護施設を含めて拡充してとらえられたりと,「施設養護」「家庭養護」「社会養護」は連続したものとして考えられるようになっている。

　さらに言うならば,「養護」と「保育」もまた明確に区別されるものではなくなっている。「養護」と「保育」は深く絡まり合い展開されるべきものなのである。「教育」との関係においても同じことが言える。認定こども園の創設をはじめ,幼稚園と保育所の一体化,いわゆる幼保一元化が進みつつあり,「養護」「保育」「教育」の境界線が以前よりも緩やかになっている。

3　現代社会と子どもの養護

　養護のあり方が変化している背景として,現在,子どもをとりまく環境が大きく変化してきたこと,それに伴い児童福祉の考え方も大きく再考を迫られるようになったこと等が挙げられる。以下では,このことについて見ていくことにしよう。

子どもや家族をとりまく環境

　現在,子どもや家族をとりまく環境が大きく変化している。まず深刻なものとして,「子ども虐待」を挙げることができる。今も虐待によって,子どもたちがその短い命を落とすケースが後をたたない。たとえ生命まで奪われることがなくても,虐待は身体的にも精神的にも,子どもたちに対して深刻な傷痕を残すのである。

　しかしながら,子ども虐待の問題は子どもだけの問題ではなく,家庭の問題としてとらえていくべきものである。家庭そのものに目を向けていかない限り,子ども虐待の問題は解決されず,何度も繰り返されてしまう。その場合,特に

重要視されるべきは,「家庭における子どもの養育力の低下」と思われる。

たとえば現在,育児不安や育児ストレスに陥る人が増えている。かつての大家族では子育ても,祖父母,おじ,おば,兄弟といった多様な人々によって担われていたが,核家族化することで家族の結びつきが弱まり,子育てについて誰に相談することもできなくなり,孤立感をつのらせてしまう。そのため育児を過度に負担に感じノイローゼになるケースも生じ,その結果,子ども虐待へと至っているのである。

もちろん,「家庭における子どもの養育力の低下」は,それにとどまるものではない。保護者による過保護・過干渉・過期待,親子間のコミュニケーションの欠如といった現象に見られるように,家庭において適切な関係性を築けていないことも,家庭における子どもの養育力を低下させている一因となっているのである。

このことは,「少子化」という社会的状況とも密接にかかわっている事柄であろう。現在,わが国では深刻な少子化問題に直面しており,合計特殊出生率も非常に低いものとなっている(合計特殊出生率とは,15歳から49歳までの女性の年齢別出生率を合計したもので,その年の年齢別出生率で計算するとした場合,女性が一生の間に生む平均の子ども数に相当する)。こうした少子化という文脈のなかで,家族の力も大きく弱まっているのではないだろうか。

以上のように,子どもや家族をとりまく環境には「子ども虐待」「家庭における子どもの養育力の低下」「少子化」をはじめ,多様な問題が内在している。これら以外にも,子どもや家族をとりまく環境として「地域社会のつながりの弱体化」や「学校生活における問題」なども挙げることができる。

地域には,同じ体験や記憶を積み重ねながら形成されている「人々のつながり」がある。しかし,これが高度経済成長以降,都市化の進展のなかで弱体化し,地域は保護者たちと一緒になって子どもたちを育てようとする環境を失いつつある。学校もまた校内暴力やいじめといった多くの問題を抱えるようになっており,子どもたちが安心して学び遊べる場とは必ずしも言えなくなってきている。

児童福祉から子ども家庭福祉へ

こうしたなかで,児童福祉のあり方も再考を迫られるようになってきた。

現在,直接に子どもを対象とした支援を行うだけでなく,子どもと家庭をトータルにとらえた支援が行われ始めている。その意味で,「児童福祉」は今,「子ども家庭福祉」へと推移しつつあると言える。

そのことは,虐待に対する支援だけではなく,もっと広い領域でも見受けられる。少子化という社会状況に対応する際にも,家庭支援が積極的に展開されている。

たとえば,1994(平成6)年12月16日には,厚生・文部・労働・建設の4大臣合意による「今後の子育て支援のための施策の基本的方向について」(エンゼルプラン)が策定されたが,そこでは「家庭における子育て支援」などが基本的方向として定められている。エンゼルプランでは,育児不安や育児ストレスをはじめとする育児をめぐる負担を軽減し,育児を喜びと感じ,家庭が子どもにとって安全で安定した育ちの環境となるような支援が行われるように方向づけられ,具体的な施策として,仕事と育児との両立のための雇用環境の整備,多様な保育サービスの充実などが示された。

また1999(平成11)年12月19日には,大蔵・文部・厚生・労働・建設・自治の6大臣合意の下,子育て支援の充実や母子保健医療体制の整備を中心に,「重点的に推進すべき少子化対策の具体的計画」(新エンゼルプラン)が策定されている。このなかの子育て支援の充実では,①保育サービスにおける「低年齢児の受入れ枠の拡大」,②延長保育・休日保育・一時預かりなどの「多様な需要に応える保育サービスの推進」,③地域子育て支援センターの整備をはじめとする「在宅児も含めた子育て支援の推進」などが計画されている。

さらに2004(平成16)年度には「重点的に推進すべき少子化対策の具体的計画」(新エンゼルプラン)は目標年度を終えることから,2004(平成16)年12月には新たに「少子化社会対策大綱に基づく重点施策の具体的実施計画について」(子ども・子育て応援プラン)が策定された。「少子化社会対策大綱に基づく重点施策の具体的実施計画について」(子ども・子育て応援プラン)は,「新・新エン

ゼルプラン」とも言うべきもので，①若者の自立とたくましい子どもの育ち，②仕事と家庭の両立支援と働き方の見直し，③生命の大切さ，家庭の役割等についての理解，④子育ての新たな支え合いと連帯，これら4つが重点課題とされている。

このように直接に子どもを対象とした支援を行うだけでなく，子どもと家庭をトータルにとらえた支援が次々と行われるようになっており，さまざまな領域で，子どもと家庭両方にアプローチしつつ支援を進めていく「子ども家庭福祉」が展開されるようになっている。その意味で，「児童福祉」は今，「子ども家庭福祉」へと推移しつつあると言える。

その際，ウェルフェアの視点からウェルビーイングの視点への転換が，現代における「子ども家庭福祉」における支援のあり方として重視されるようになっている。子どもは社会的に守られるべき権利（受動的権利）だけではなく，自分の感情・意思・意見を表現し主張する権利（能動的権利）をもっている。そのために，子どもたちが自分の潜在的な可能性を開花させつつ，生き生きと暮らしていくことができるようサポートしていかなくてはならない。こうしたウェルビーイングの視点が，「子ども家庭福祉」における支援のあり方において重視されているのだ。

それは，ウェルフェアの視点とは明確に区別されるべきものである。ウェルフェアの視点では，子どもたちを保護されるべき受動的存在ととらえ，最低生活の保障といった，どちらかといえば事後処理的な問題解決をめざそうとしているのに対し，ウェルビーイングの視点では，子どもを自己の可能性を切り開く能動的存在ととらえ，彼らの自立をうながそうとしている。現在の児童福祉では，親や子ども，家族といったクライエントたちが，自分自身で自らをとりまく環境や問題に目を向け，もう一度考え直すことに重きが置かれ，自己をとりまく環境を変えうるクライエント自身の力を引き出す（エンパワーする）ことにサービスの主眼が置かれているのだ。

第I部 子どもの養護とは

子どもの権利条約

　子ども家庭福祉が基本理念としていることを高らかに謳っているものに，子どもの権利条約がある。

　もちろん児童福祉法や児童憲章においても，児童福祉の原理が明記されているが，それはどちらかといえば，子どもを受動的存在としてとらえるものであった。すなわち，子どもたちを保護されるべき存在ととらえ，いかにして彼らの生活を保障するべきかを方向づけるものであった。児童憲章の前文を見ても，「児童は，人として尊ばれる」「児童は，社会の一員として重んぜられる」「児童は，よい環境の中で育てられる」と，すべて「～される」と受動的に述べられている。そのため，自己の可能性を切り開く存在として子どもをとらえ，彼ら自身の主体性に着目する視点が弱かったと言えよう。

　これに対して子どもの権利条約では，第3条で「子どもの最善の利益」が謳われていたり，第12条で「意見表明権」，第13条で「表現・情報の自由」についての権利，第14条で「思想・良心・宗教の自由」についての権利，第15条で「結社・集会の自由」についての権利，第16条で「プライバシー・通信・名誉の保護」についての権利が保障されたりするなど，子どもが自己決定し自立するために重要な事項を前面に押し出したものとなっている。このように子どもの権利条約は，子どもをより能動的にとらえ，そこから子ども家庭福祉の基本的な方向性を打ち出している。

児童福祉法の理念

　児童福祉法は1947（昭和22）年，戦後の混乱期の中で成立した法律であるが，「要保護児童」にだけ適用されるものではなく，すべての子どもに関係するものである。

　児童福祉法第1章総則第1～3条の抜粋
第1条　すべて国民は，児童が心身ともに健やかに生まれ，且つ，育成されるよう努めなければならない。
　②すべて国民は，ひとしくその生活を保障され，愛護されなければならない。

第2条　国及び地方公共団体は、児童の保護者とともに、児童を心身ともに健やかに育成する責任を負う。
第3条　前2条に規定するところは、児童の福祉を保障するための原理であり、この原理は、すべて児童に関する法令の施行にあたつて、常に尊重されなければならない。

児童憲章

　児童憲章は、1951（昭和26）年5月5日の「こどもの日」にわが国で初めて子どもの権利に関する宣言として制定されたものである。児童福祉法が法的規範であるのに対して、この児童憲章は道義的規範であるとされている。

　この児童憲章は、前文および12の条文で構成されている。特に前文は、児童福祉の原理として大切なものである。児童憲章の前文は、以下のように始まっている。

児童憲章前文

　われらは、日本国憲法の精神にしたがい、児童に対する正しい観念を確立し、すべての児童の幸福をはかるために、この憲章を定める。

　児童は、人として尊ばれる。

　児童は、社会の一員として重んぜられる。

　児童は、よい環境のなかで育てられる。

4　養護の基本原理

　では、養護のあり方が変化するなかで、養護の基本原理として考えるべきことはどのようなものなのか。本章の終わりに、このことを見ていくことにしよう。子どもの養護の基本原理は、以下の7つに整理することができる。

（1）人権の尊重と人間形成の原理

　前節でも述べたように、子どもをより能動的にとらえ、そこから児童福祉の原理を打ち出したものとして子どもの権利条約があり、第3条には「児童の最

善の利益が主として考慮されるものとする」と規定されていた。また日本国憲法でも，生存権（第25条）として，「すべて国民は，健康的で文化的な最低限度の生活を営む権利を有する」と明文化されている。これらを受けて，児童養護施設に入所する子どもには，家庭を離れ施設で暮らしていても，安心して自分の権利が表明できるよう「子どもの権利ノート」が配布されている。その中身は，子どもの意見表明権・教育の機会の保障・施設職員の説明責任など，さまざまな権利に対して子どもでも理解しやすいように書かれており，わが国では1995（平成7）年に大阪府で初めて作成され，他の自治体でも作成されている。

(2) 個別化の原理

保護者に代わって子どもを養育する児童養護施設のような児童福祉施設においては，子ども一人ひとりの尊厳が守られ，それぞれのニーズにあった子どもの援助をしていくことがとても大切となる。そのため，児童養護施設では児童相談所と連携しながら「援助計画」及び「自立支援計画」に基づいたケアを行っている。このように，さまざまな形で虐待を受けた子どもへの支援，外国籍の子どもへの支援，不登校を続けている子どもへの支援，知的に障害を抱えた子どもへの支援，さまざまな発達障害が見られる子どもへの支援，自立へ向けた支援（リービングケア），施設退所後のアフターケアも含め，個々の実情にあわせた子どもへの支援がますます必要になる。

(3) 家族関係調整の原理

児童養護施設のような居住型施設で生活する子どもたちにとって，子どもと保護者を結ぶ役割はとても重要である。子どもが中・長期的に施設で生活するのではなく，できるだけ家族と結びつけ早期の家庭再統合をめざさなければならない。2004（平成16）年から配置されることになった家庭支援専門相談員（ファミリーソーシャルワーカー）は，子どもと保護者の関係調整や家族調整，また早期に家庭へ戻るための家族再統合，保護者宅への家庭訪問，退所後の子どもや家族への支援やアフターケア，里親委託の相談・援助などの業務を関係機関と連携を行いながら重要な役割を果たしている。

(4) エンパワメントの原理

ペコラたちによれば,「人は,自分にとって重要な環境のもとで,最善な形で理解され援助される。そのうちでも,家族というものは,最も大切な環境である。ここにおいてこそ,子どもは自己の能力を形成し発達させる」[(3)]。このように,家族は,子どもたちが成長していく際に彼らのライフステージにおいて大きな影響を与えると考えられるが,子どもや保護者,それに家庭が,単に援助の「対象」となるのではなく,自分自身に対する援助の「主体」となる能力をつけ,成長していけるように,援助者は動機づけをし,働きかけなければならない。

(5) 集団のダイナミズム活用の原理

児童養護施設をはじめとする施設養護は集団養護とも言われていることからも見てとれるように,子どもの個別性を大切にしたいと思いながらも集団生活としての統制を優先してしまう時がある。そこで,そういった集団でのダイナミックスとしての利点を活かしつつ,個別性も重視した取り組みとして小規模児童養護施設などの小規模ケア形態の推進がなされている。また,地域社会においても,同じ年代の子どもが遊んだり,子育て中の母親たちが子育ての悩みを分かち合う場として「地域子育て支援センター」や「つどいの広場」が設けられていたり,虐待をしてしまった親たちが互いに支えあう場や,同じ病気などを抱えた人たちが情報を提供しあったり支え合ったりするセルフヘルプグループ(自助グループ)などをつくり,集団の利点を活かそうとしている。

(6) 社会参加の原理

家庭で暮らす子どもであれ,児童福祉施設で暮らす子どもであれ,最終的にめざすのは「自立」である。児童養護施設に入所している子どもは,可能であれば,できるだけ早く家庭復帰していくことをめざすが,家族調整をした結果,家庭に戻ることがどうしてもかなわない場合には,施設に入所しながら高等学校へも通い,施設を退所するまで将来を見すえたリービングケアをすることになる。児童自立生活援助事業(自立援助ホーム)では,自立に向け,社会に出ても生活できるように自炊の方法を覚えたり,金銭感覚を養ったりする。また,

ここを退所した子どもが社会生活を無事に送れているかどうかについても，アフターケアを充実させ，自立援助や就労を継続するための支援を考えている。

(7) 施設の社会化・地域化の原理

児童福祉施設は居住型であるが，児童相談所から措置されてきた子どもだけを養育していくのではなく，地域を巻き込んだ支援を行っていかなければならない。施設は地域から独立して単独に（スタンドアローンに）存在しているのではなく，地域との積極的なかかわりのなかで存在している。その際には，施設のもっている人的・組織的資源などを地域のために活用してもらうだけでなく，施設が家庭と同じように地域との持続的な関係を築いていかなければならない。

引用文献

(1) 加藤孝正『新しい養護原理 第5版』ミネルヴァ書房，2007年，3頁。
(2) 吉澤英子・小舘静枝編『養護原理』ミネルヴァ書房，2006年，8～9頁。
(3) P. J. Pecora, J. K. Whittaker and A. N. Maluccio, *The Child Welfare Challenge—Policy, Practice, and Research*, Aldine de Gruyter, 1992年, p. 46.

参考文献

山縣文治・林浩康編『よくわかる養護原理』ミネルヴァ書房，2006年。

読者のための推せん図書

庄野寛治・合田誠編『養護原理』ミネルヴァ書房，2008年。
　——養護原理について重要だと思う事項が丁寧に解説されており，非常にわかりやすい構成になっている。児童養護施設等の現場実践経験者が執筆陣に多く名を連ねており，現場のあり方をしっかりふまえた内容となっている。

大日向雅美『「子育て支援が親をダメにする」なんて言わせない』岩波書店，2005年。
　——現在，全国で展開されるようになっている子育て支援サービスについて，わかりやすく書かれている。特に筆者が深くかかわっている東京港区の子育てひろば〈あい・ぽーと〉の現場を通して，子育て支援サービスの現状が述べられている。

大阪保育研究所編『「幼保一元化」と認定こども園』かもがわ出版,2006年。
　——本章で少しふれた「幼保一元化」の問題や,それと深くかかわる認定こども園のあり方について,その現状,問題点,可能性を具体的な事例を通して分かりやすく説明している。

第2章

子どもの養護の体系

　本章では，前章の子どもの養護に関する権利や理念等の内容を踏まえ，子どもの養護の体系とそのとらえ方について整理していく。

　次に，子ども虐待をはじめさまざまな要因によって，家庭での生活に課題を抱える子どもたち，保護を要する子どもたちに対して，その保護者と家庭の代替機能を担い，子どもを養護していくための社会的サービスについて，その枠組みと構造を理解する。

1 子どもの養護の体系を理解するために

　子どもは，社会における最も基礎的な集団である家庭・家族のなかで，身体的にも精神的にも健やかに安心した環境のなかで育まれていくと一般には考えられている。家族を基盤に，親子の信頼関係のもとで子どもは育成されるべきだとされてきたのだ。

　しかしながら，養育環境が何らかの要因によって変化してしまうことがある。子ども虐待はその顕著な例である。子どもの状態（発育・障害などによるもの），経済的理由によるもの，親の心身の疾患や障害によるもの，夫婦間の関係性によるもの等，さまざまなことがあるが，子どもや親にとってはどうすることもできない不可抗力的な要因が多い。

　そこで，子どもや家庭が多大な不利益を被る環境に陥った時に，その親や家庭を支援・補完・代替するものとして，子どもの生命・発達・権利等を確保し，

より良い育ちに向けた養育をしていくための機能・体制が必要となる。その役割を担うのが児童福祉領域である。

2 子どもの養護のとらえ方

子どもの養護の枠組みを，山縣文治は図2-1（次頁）のように整理している。これを基盤に，子どもの養護のとらえ方について検討していこう。[1]

家庭養育

家庭養育とは，子どもにとって家庭での通常の生活・養育状態としてとらえられる形態であり，基本的に家庭における子どもの養育を中心としたものである。

家庭において子どもが育っていくプロセスにおいては，当事者は必要に応じて，子どもの養育に関する社会資源である児童福祉関連諸サービス（情報提供や相談，児童手当等の経済的給付，予防的観点からの母子保健サービス等）を利用する。この場合，社会的支援として構築されている養護関連の諸サービスは，家庭における子どもの養育を補完するものとなる。

家庭的養護

これは，家庭外の場所を拠点として，家族的関係を維持しつつ子どもの育ちや発達を担っていく支援サービスを意味している。

里親制度はこの代表的例であり，特別養子縁組といった養子縁組の制度などもこの範囲に含まれる。また，近年積極的に取り組まれてきている児童養護施設を小規模化した形態なども，より家庭に近い状態での養護体制を推進し，家庭的な養護サービスを提供していくものである。

施設養護

家庭外の場所で，専門職・者が子どもの養育を担い，子どもの生活への支援

第Ⅰ部　子どもの養護とは

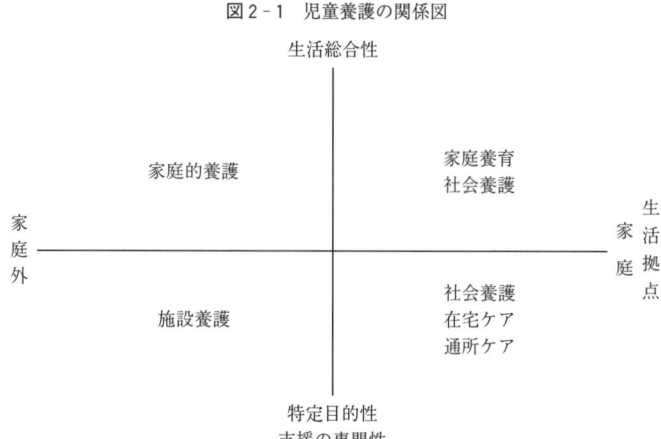

図2-1　児童養護の関係図

（出所）山縣文治・林浩康編『よくわかる養護原理』ミネルヴァ書房，2006年，11頁。

にかかわるサービスを提供する居住型の施設利用がこの範疇(はんちゅう)に含まれる。

　たとえば，居住型児童福祉施設として，乳児院，児童養護施設，知的障害児施設，肢体不自由児施設，重症心身障害児施設，情緒障害児短期治療施設，盲ろうあ児施設などが挙げられる（図2-2参照）。これらの施設内において子どもたちが生活していくなかで，家庭や親の代替機能を担い，子どもたちのよりよい成長と発達を保障すべく実践が展開されていくのである。近年はノーマライゼーションなどの理念の影響から，より家庭に近い雰囲気のなかでサービスを提供していくための取り組みとして，施設の小規模化，施設を地域のなかに設置する，といった一般の子どもたちの生活により近い生活状態を確保していくのが主流となりつつある。

　社会養護・在宅ケア・通所ケア

　家庭での生活を基盤とすることは，先述の家庭養育と共通しているが，社会養護・在宅ケア・通所ケアの特徴は，子どもの養育にかかわる外的専門的な諸サービスを積極的に利用していく点にある。

　たとえば，通所型の児童福祉施設である保育所，知的障害児通園施設，難聴

第2章 子どもの養護の体系

図2-2 児童養護の体系

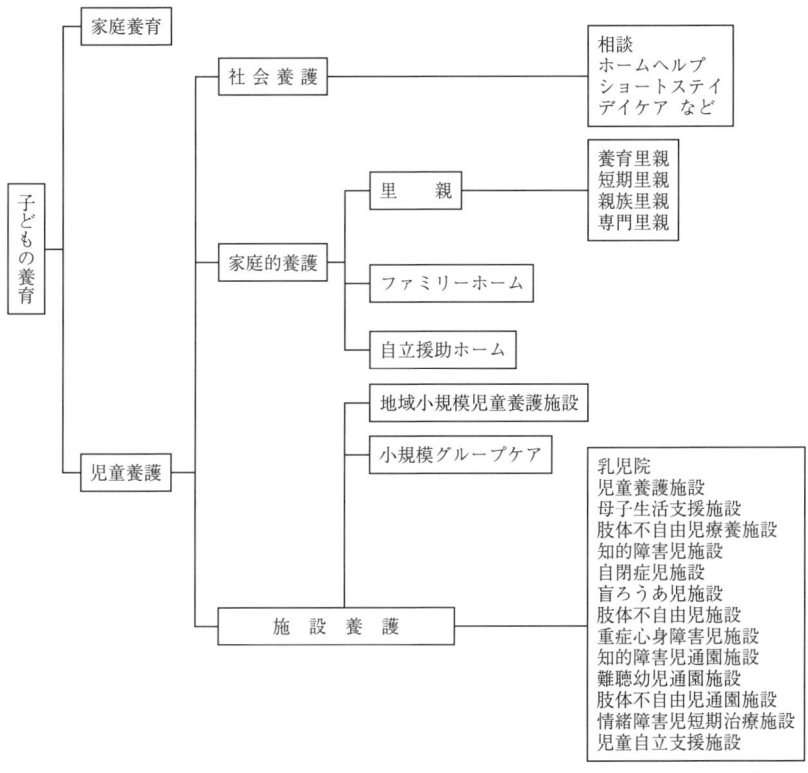

(出所) 山縣文治・林浩康編『よくわかる養護原理』ミネルヴァ書房，2006年，12頁を基に一部修正。

幼児通園施設，肢体不自由児通園施設，情緒障害児短期治療施設（通所部門），児童養護施設（通所事業）のほか，子育て短期支援事業，児童相談所等の通所事業などから提供される支援サービスを積極的に活用しつつ，子どもの養育を図る。

　これらの枠組みは，それぞれが個々に独立して存在するものではないことに注意するべきであろう。実生活の中ではさまざまな現象が枠組みを越えて生じている。したがって，これらの枠組みをより柔軟にとらえ，トータルに支援を展開していくことができる広い視点が専門職には必要とされるのである。

3 児童養護の体系

　前節では，子どもの養護のとらえ方について，その範囲と枠組み，概要について整理した。本節では，それに基づき子どもの養護を構成する体系について，法制度的な観点に基づき整理していく。

　まず子どもの養護は，図2-2で示しているように「家庭養育」と「児童養護」とに分類することができる。

　家庭養育とは，社会的な資源を利用しつつも，家庭を中心として子どもの育ちを支える状態をさす。

　児童養護とは，子どもの育ちにおいて，さまざまな事情で養育が困難になった保護者や家庭の代替機能の役割を果たすために提供される，多様な支援サービスの形態やその行為・実践などの領域をさしている。児童養護はさらに「家庭的養護」「施設養護」「社会養護」に分類され体系化される[2]。

　ここでは児童養護の概念に基づくこれら3つの「養護」体系について整理していくこととする。

家庭的養護

　これは，家庭での養育が困難となった場合に，その保護者や家庭の代替的役割を担う社会制度の一つであり，よく知られているものとして里親制度，養子縁組の制度などが挙げられる。つまり家庭的養護は，子どもの状態を勘案した上で，家庭に代わってより家庭に近い生活状態をその子どものために確保し，家庭的雰囲気のなかで子どもの養育を担う支援形態であり，わが国では古くから知られている社会資源である。

　これとは別に，家庭において子どもの生活が困難になった場合に，その家庭から離し居住型の施設に入所させ，家庭や親の代替サービスを提供することによって子どもの育ちを支えていく制度も組織化されている（次の項目で説明する施設養護における居住型養護を指す）。しかしながら，わが国における居住型施設

のあり方が時代とともに変化してきており，大きな単位での集団生活から，子どもの育ちの観点に基づきより家庭に近い雰囲気のなかでの生活をめざして，可能な限り小さな生活単位での養護を実践していく新たな施設形態でのとりくみが展開されてきている。この例としては，小規模のグループに分けて子どもたちの生活場所を確保する「小規模グループケア」や，少人数の子どもたちをより家庭的な雰囲気のなかで養育することと社会自立への支援を目的とする「地域小規模児童養護施設」などが挙げられる。

施設養護

施設養護は，児童養護における原初的な実践形態であり，わが国において古くから存在している社会資源である。この施設養護は，図2-2に示しているように，児童福祉法に規定されている児童福祉施設を利用し，子どもの育ちについて，家庭外の専門的機能の活用を中心とする養護のあり方である。

児童福祉施設は，その設置目的ごとに「養護系施設（保護，養護，自立支援などを目的とする）」「障害児系施設（障害児への保護，療育，自立・生活訓練などを目的とする）」「育成系施設（子どもの健全育成を図ることを目的とする）」「保健系施設」に分類することができる[3]。

これらの施設は，子どもが家族・保護者の下を離れての生活をするにあたって，家庭の代替的役割を果たし，家庭では困難な専門的サービスを提供する居住型の施設形態と，家庭での生活を基盤としつつも自宅等からの通いによって積極的に児童福祉施設の専門的サービスを子どもの養育に取り入れていく通所型の施設とに類型化される。

したがって施設養護は，「居住型養護」，「通所養護」に細分類できる。

「居住型養護」は，乳児院，児童養護施設，知的障害児施設，盲ろうあ児施設，重症心身障害児施設，肢体不自由児施設，情緒障害児短期治療施設，児童自立支援施設といった児童福祉施設に子どもを入所させ，そこでの生活を通して，親や家庭での養育機能に代わりうる役割を果たし，家庭では困難な専門的サービスを提供しつつ，子どもの養育を図るものである。これらの施設には，

子どもの養育を担う専門職・者が配置されており，保護者とその家庭の役割を務めている。ただし，施設はあくまでも通過施設である。家庭において親とともに生活していくことの意味を重んじ，的確な専門的判断の下に可能な限り家族の統合を図っていくことを支援の最終的な目標に置くのである。さらには，居住型施設を出た後の子どもたちのスムーズな社会自立への支援にも取り組んでいく。

次に，「通所養護」は，家庭生活に基盤を置きつつも，児童福祉施設における通所型の施設（たとえば，保育所，知的障害児通園施設，難聴幼児通園施設，肢体不自由児通園施設，情緒障害児短期治療施設〔通所部門〕など）に家庭から通って利用し（通園），養育，療育や医療的・療育的・訓練的ケア，また家庭では困難な支援等の専門的サービスの提供を受ける。この形態では日中サービスが中心となり，それ以外の時間は家族とともに過ごす。したがって通所養護では，家庭での養育を補完する支援が行われている。

以上を踏まえ施設養護の果たす役割と機能を整理すると，家庭に代わって子どもを育くむ「家庭養育代替機能」，障害をもつ子どもや，生活上問題の抱える子どもに対する「療育・治療・教育機能」，家庭養育の不足部分を補い充足させる「家庭養育補完・増進機能」，地域福祉の拠点としてその充実を図る「地域支援機能」を有していると言える。

社会養護

社会養護は，原則として家庭における子どもの養育に際し，時に起こりうるであろうさまざまな養育上の困難への予防対策，発生した問題の軽減・解決，養育に関する情報提供・相談・支援・指導・助言等の幅広い役割を専門的に担う活動や社会的サービスの総体を意味している。この社会養護体制は，潜在的・顕在的な養育・生活上の問題を抱えている親子や家庭環境へアプローチし，次の社会資源の活用へとつないでいくことを可能とする。そのため，家庭養育の充実と増進を図る役割を担うものとして重要である。

例として，図2-2にあるように児童相談所をはじめとする専門的な相談・

助言や，ホームヘルプなどの専門的なサービス利用，施設の短期利用としてのショートステイ，日中活動の場としてのデイサービスの活用，教育的支援等，家庭での養育上利用可能なさまざまな支援サービスを挙げることができる。

4 これからの児童養護の方向性

児童養護の基本的な考え方と動向

　親との愛着関係の形成を第一義的な基盤として，その年齢にふさわしい子どもらしさや成長，自己決定権の尊重，一人ひとりの子どもの状態に配慮した生活への支援・自立への支援を行う。さらに，子どもに保障された権利の実現に向けて，また子どもが安心・安全な生活を送ることができるように，その周囲の環境を調整していき子どものより良い成長と発達を担っていくことを，子どもの養育の総体ということができる。

　子どもは，適切な養育のもとで，いのちを生きていく・人生を歩んでいくために必要となる希望や意欲，他者との人間関係を築くための社会性を獲得し，社会の構成員としての責任と自覚を確立していく。そのためにも，親をはじめとする信頼に値する大人との関係性を維持することは大切である。

　しかし近年は，子どもがそのような良好な大人との関係性のなかで育まれる環境からほど遠いような状況におかれることが多々見受けられるようになってきた。その顕著な例として，子ども虐待が挙げられる。その他にも，家庭内で起こる何らかの要因により，家庭において適切な養育を受けることのできない子どもが多い。

　そのような状況下において，2003（平成15）年に社会保障審議会児童部会「社会的養護のあり方に関する専門委員会」が設置され，同年10月に報告書が提示された。その提言に基づき，厚生労働省は児童養護に関する施策の展開を進めてきた。

　特に最近は，保護を必要とする子どもが増加してきていることを鑑みて，子どもを養育し保護することは社会的な責任の下で行われるべきであるという考

え方を基調に「社会的養護」の意義と重要性が指摘されてきた。しかしながら，養育は家庭を中心として行われていくことが当然と考えられており，今なお，それが「常識」とされている。そのことがハードルとなり，「社会的養護」の整備は依然不十分な状況であると言える。このような状況に対応すべく今後めざすべき社会的養護体制に関する構想と，その実現のための具体的施策について検討することを目的に，2007（平成19）年2月に「今後目指すべき児童の社会的養護体制に関する構想検討会」が設置され，同年5月29日には，「中間とりまとめ」が提示された。それをふまえ，同年8月に社会保障審議会児童部会に社会的養護専門委員会が設置された。そして，同年11月29日に報告書として「社会的養護体制の充実を図るための方策について」がとりまとめられた。

これらの点をふまえ11月の報告書では，「社会的養護体制の拡充のための具体的施策」として，①子どもの状態に応じた支援体制の見直し，②社会的養護に関する関係機関等の役割分担と機能強化及び地域ネットワークの確立，③自立援助ホームの見直し等自立支援策の拡充，④人材確保のための仕組みの拡充，⑤措置された子どもの権利擁護の強化とケアの質の確保のための方策，⑥社会的養護体制の計画的な整備が提言されている。

これからの児童養護のあり方

「社会的養護」という言葉は「児童養護」とほぼ同義であり，子どもにとってより身近な家庭的環境で養育することを第一義的に据えつつも，子どもの養育に対する幅広い概念を含んだ社会的支援体制のあり方であると理解できる。

したがって，近年増加傾向にある子ども虐待や，身体的・知的・情緒的・行動的な側面で課題を有する子どもへの支援といったように，ニーズの多様化・複雑化に対応するために，これらにかかわる専門職にはさらに高度な専門性が要求される。また，個々の子どもの多様で複雑なニーズや課題を適切に評価したうえで，より効果的な支援体制や対策を検討し，社会に自立できるまでを視野に入れた支援をマネジメントしていくことも重要な役割となる。他にも，子どもが家庭で生活を送れる可能性を探っていくことや，子どもとその家族の関

係を再構築していくことなども専門職者として重要な役割となろう。

　ただし，子どもの多様かつ複雑なニーズへの対応，地域における家庭支援の充実，施設職員の専門性の向上，里親委託の促進等，多くの課題がある。子どもの権利擁護と次世代を担う宝としての育成支援という観点からも，子どもは家庭だけではなく地域社会とともに育つ，地域社会のなかで育てる，という市民の共通認識があらためて求められる。つまり，家庭での子育てにおいて，必要な時にいつでもサポートが得られる社会システムの確立，そのための社会資源の充足と供給体制の構築が，充実した社会的養護のために急がれるのである。

引用文献
(1)　山縣文治・林浩康編『よくわかる養護原理』ミネルヴァ書房，2006年，10～11頁。
(2)　同前書，11頁。
(3)　同前書，15頁。
(4)　同前書，14頁。

参考文献
山縣文治・林浩康編『よくわかる養護原理』ミネルヴァ書房，2006年。
神戸賢次・喜多一憲編『新選　児童養護の原理と内容』みらい，2007年。
厚生労働省雇用均等・児童家庭局　家庭福祉課「今後目指すべき児童の社会的養護体制に関する構想検討会中間とりまとめ」2007年5月29日。
同課「社会的養護体制の充実を図るための方策について社会保障審議会児童部会社会的養護専門委員会報告書」2007年11月29日。

読者のための推せん図書
宇治谷義雄編『実践養護原理』ミネルヴァ書房，1990年。
　　――実践において役立つことを心がけ，施設職員等の声を反映させるなど実践に即した内容構成となっている。初めて養護原理を学ぼうとする人やこれからこの世界に身を投じようとする人，さらに実際に現場で働いている人などに役に立つ文献である。

第Ⅰ部　子どもの養護とは

山縣文治・林浩康編『よくわかる養護原理』ミネルヴァ書房，2006年。
　——初めて養護原理を学ぶ人に配慮しており，児童養護に関するさまざまなテーマを見開きごとに構成している。そのため，その内容も簡潔に解説されており自主学習にも最適な構成となっている。もちろん，すでに専門職としてかかわっている実践者にも推薦できる1冊である。

神戸賢次・喜多一憲編『新選　児童養護の原理と内容』みらい，2007年。
　——社会的児童養護をめぐる時代的対応を基盤に，児童福祉各分野や社会的養護の抱える課題，児童福祉政策等を整理し，その展望について言及している。児童養護について，初学者にも理解しやすい内容構成となっているので一読に値する。

第3章

子どもの養護の歴史と現状

　本章では子どもの養護の歴史を,「黎明期」「明治期」「大正期から終戦」「戦後」「現代」の5つの時代区分に分けて概観する。各時代区分のなかで特徴的な養護実践や関係法制を取り上げるが,時代背景との関連も含めて学んでほしい。
　わが国の子どもの養護の起源は,聖徳太子の四天王寺悲田院にまで遡る。戦国時代にはルイス・デ・アルメイダが乳児院の源流となる施設を建設した。
　明治時代に入ると,瓜生岩や石井十次,留岡幸助らの慈善事業家たちが,現在まで続く児童福祉施設の礎を築いていく。
　大正期から戦前には児童保護関係法制が充実を見るが,太平洋戦争激化のなかにおいては児童保護施設も戦争に加担することを免れ得なかった。
　戦後に児童福祉法が施行されると,国家が責任をもって子どもの養護を担うという「児童福祉」の時代に入る。1950年代のホスピタリズム論争,1980年代の児童福祉施設不要論等を経て,1990年代にわが国は子ども虐待時代に突入した。

1　子どもの養護の黎明

　何らかの理由で保護者が養育できない,あるいは保護者の養育に委ねることができない子どもを「要保護児童」という。そして,要保護児童のために社会が用意する養護の体系が「社会的養護」である。
　1947(昭和22)年に児童福祉法ができるまでは,わが国の児童養護は国家政策というよりも,むしろ民間の慈善家による慈善事業としての位置づけが主で

あった。したがって，わが国における児童養護の歴史は，児童福祉法成立以前の「児童保護」の時代と，成立以後の「社会的養護」の時代に大別される[1]。

本節ではまず，わが国における児童養護の源流を確認していく。

わが国最古の児童保護事業——仏教思想を背景とした慈善事業——

現代の「社会的養護」につながる源流と位置づけられる児童保護事業の一つとして，四天王寺悲田院の活動を挙げることができる。

聖徳太子は593（推古元）年，わが国初の官寺として四天王寺を建立した。その際に，寺としての活動の中心を担う「敬田院」，薬草を栽培して処方する「施薬院」，現在の病院にあたる「療病院」とあわせて，高齢者・障害者や親とともに暮らすことのできない子どものための施設である「悲田院」を併設した。

寺に「施薬院」「療病院」「悲田院」を併設した背景には，「福田思想」という仏教思想が存在している。「福田思想」とは，「善行を積めば田畑が福を産む」という考え方のことである。

聖徳太子の悲田院へのかかわりの様子や，悲田院における子どもたちの生活の様子は，残念ながら資料や文献等には残されていない。聖徳太子の時代から1世紀後となる723（養老7）年，光明皇后が山城の山階寺に施薬・悲田院を建立したという記録が，文献上ではわが国最初のものであると位置づけられている。

しかしながら，四天王寺悲田院は幾たびもの火災や戦禍を受けながらも再興し続け，現在の「社会福祉法人・四天王寺悲田院」にまでつながっている。四天王寺悲田院は1400年の時を越えて伝わる，わが国の「社会的養護」の源流の一つであると言える。

わが国におけるキリスト教児童保護事業の黎明

戦国時代の1555（天文24・弘治元）年，1人のポルトガル人によって現在の「乳児院」の源流となる施設が建設されている。医師免許をもつ商人で，キリスト教の信仰をもっていたルイス・デ・アルメイダがその人である。

第3章　子どもの養護の歴史と現状

　商人として来日したアルメイダは，現在の大分県大分市にて，キリシタン大名・大友宗麟の下に寄宿していた。この時に，当時の日本で広く行われていた赤子殺しや間引きの慣行を知ることとなった。驚いたアルメイダは生まれたばかりの子どもの命を守るために，大友宗麟の屋敷の敷地内に子どものための施設を作った。また，当時の日本には牛乳を飲むという習慣がなかったが，アルメイダは乳牛を飼い，搾乳した牛乳を子どもたちに与えて命を救ったのだった。
　戦国時代が終わり江戸時代に入ると，日本社会は戦乱の世から徐々に秩序ある社会へと変化していく。江戸時代の初期には，棄児禁止令（1690年）や間引き禁止令（1767年）が徳川幕府から発令されている。
　アルメイダの実践や棄児禁止令・間引き禁止令の発令は，当時の日本において棄児や間引きが頻繁に行われていたことの証左でもある。当時，農民等の一般民衆は支配階級からの圧政に苦しんでいた。特に飢饉等のときには，限られた食料で共同体の成員の生命を守らなければならず，生まれてくる子どもの生命が犠牲となることも少なくなかった。

2　明治時代（1868～1912年）の児童保護事業

明治初期の児童保護関連施策
　1868（明治元）年から1869（明治2）年までの戊辰戦争を経て徳川幕府の体制は終焉を迎え，わが国は近代国家に生まれ変わろうとしていた。
　1871（明治4）年には江戸時代の幕藩体制を一掃すべく，いわゆる「廃藩置県」が実施され，3府72県による中央集権的地方制度が成立した。
　明治政府が近代国家樹立への足取りを進める一方，これまで藩から俸禄米を得ていた士族たちが貧困層に転落するなど，急激な社会変化が多くの貧困者を生み出すこととなった。また，戊辰戦争の戦火に巻き込まれた地域には，民間人の死傷者や戦災孤児等の被害者も多かった。
　そのようななか，1871（明治4年）に太政官通達として「棄児養育米給与方」が出された。本通達は，当時問題となっていた棄児（捨て子）に関して，これ

を預って育てる「所預(ところあずかり)」と，これを自らの子とする「貰受(もらいうけ)」とを問わず，15歳になるまでは年に7斗の養育米を支給するというものであった。

本通達は1873（明治6）年に年齢が13歳に引き下げられ，棄児以外のさまざまな貧困者を対象とした「恤救規則(じゅっきゅうきそく)」（1874〈明治7〉年）に引き継がれた。

瓜生岩と東京府養育院

「恤救規則」制定に先立つ1872（明治5）年，ロシアのアレクセイ皇太子訪日に際し，街に乞食や浮浪者がうろついていては文明国の恥ということで，本郷の旧加賀藩邸の空き屋敷に約250名が収容された。これが後の東京府養育院（市制の施行により1890〈明治23〉年に東京市養育院，戦後は東京都養育院。高齢者施設として，1997〈平成9〉年まで125年存続した）の始まりであった。[2]

東京府養育院には実業家・渋沢栄一が院長として着任した。渋沢は実業家として日本の近代化に尽力する一方で，東京府養育院の運営をライフワークとしていた社会事業家でもあった。

1886（明治19）年，東京府養育院は子どもの処遇を開始した。しかし，当時「孤児」と呼ばれていた子どもたちは心がすさんでおり，また「子どもの権利」も認められていなかった状況のなかで，食事や衛生環境等も十分ではなかった。

子どもの処遇を開始したものの，効果的な処遇ができていないことに悩んでいた渋沢は，部下・安達憲忠のつてをたどって，1人の老婆を「幼童世話係長」に据えた。それは，会津出身の瓜生岩であった。

瓜生岩は，戊辰戦争において官軍・賊軍問わず看病をして廻り，「日本のナイチンゲール」と呼ばれた人物である。戊辰戦争後は，郷里の熱塩加納村（現・喜多方市）に戦災孤児のための学校を創立し，また明治に至っても東北の寒村で横行していた「間引き」を減らすために産婆の養成を行うなど，児童福祉・女性福祉の先進的な活動を行っていた。

この噂を渋沢栄一が聞きつけ，1891（明治24）年3月，当時63歳であった瓜生岩を東京府養育院の「幼童世話係長」として招聘したのであった。

渋沢栄一と瓜生岩の仲介役となった安達憲忠は，瓜生岩の実践を次のように

第3章 子どもの養護の歴史と現状

書き残している(3)。

> 「只わけもなく快活に働くのであった，同女は朝から晩まで，一分間でも休止する事なく働いて居る。第1に衣服の襤褸を引きずり出して，之を細かく割いて縄をなうて，草履を作るのである。それを自分でせっせ，せっせとやって，子どもを周囲に輪を作らせて，子どもに見せて，小さいのには襤褸を割かせる。大きなのには，縄をなわせると云う風で，斯る仕事をしながら，なにか頻りと面白そうに話をして居らるるが，前にも云う通り，会津弁であるから予に分らぬばかりでなく，保姆の連中にも，子どもにも，お婆さんの話は半分位しか分らぬ様子であるが，お婆さんは委細構わず手工をしながら話して居る。併し，大体は分かる。なんでも，人は朝から晩まで，せっせと稼がにやならぬと云う様な事から，怒るのはつまらぬ事だとか，毎日おもしろく暮らすのが徳だと云う様な事やら，古今の偉人の話やらである。能く能くお婆さんの云う事を味わって見ると，人間処世の大旨趣を徹底さして居ると感じた。
>
> 毎日毎日右の如き事を繰返して居たのであるが，誠意というものは恐ろしい力のあるものである。凡そ，2ヶ月ばかりも経過する内には，児童の状態が大いに変わって来，甚だ快活になった。始めは大人に対して談話をしたり，笑ったりする児童は1人の外ないと云う位であったのが，何れの児童も誰に対しても話し，且つ笑うというようになり，顔色なども，始めとは大いに善くなったのである。予は於是，誠実くらい偉い力のあるものはないと思った」。

上記から，瓜生岩の養護実践力が養育院の子どもたちに与えた影響を垣間見ることができる。しかしながら残念なことに，瓜生岩は会津の有志者に懇願されて1891（明治24）年9月には養育院を辞職し，会津に戻ってしまう。

会津に戻った後も，瓜生岩は1893（明治26）年に福島鳳鳴会育児所（現在の児童養護施設・福島愛育園）を創設するなど，日本の児童養護の先駆けとなるさまざまな活動を行った。

石井十次と岡山孤児院

東京府養育院が子どもの保護を始めた1年後の1887（明治20）年，石井十次

第Ⅰ部　子どもの養護とは

は巡礼途中で夫に先立たれた母親から1人の男児を引き取った。これをきっかけに，石井十次は孤児教育会（後の岡山孤児院）を岡山市の三友寺に創設した。

　当時，医師をめざして勉強していたクリスチャンの十次は，このまま勉強を続けて医師になるべきか孤児救済の活動を続けるべきか悩んでいた。

　1889（明治22）年1月10日の朝，十次は三友寺の境内で大切な医学書を燃やした。医師になる者は多いが，孤児救済を行う者は少ない。十次は「2人の主に仕えることはできない」という聖書の教えに従い，この日，孤児救済に命を賭ける決意をしたのであった。

　1891（明治24）年10月28日，死者7200人，倒壊家屋10万5,800戸という大被害となった濃尾大震災が発生した。十次は，職員4名を派遣し，また自らも募金活動に奔走した。

　先に確認したように，当時は戦後のような児童福祉法は存在せず，そのため子どもの養育にかかる費用の多くは慈善事業家自身の負担となっていた。十次は，岡山孤児院の活動を理解してもらうため，音楽隊や幻灯団を結成し，市民からの募金をつのった。また，資本家であった大原孫三郎やキリスト教関係者が十次の活動を支援したのであった。

　岡山孤児院における養護実践の実際はどのようなものだったのであろうか。アメリカから神戸に移住し，日本幼児教育の始祖の1人となった教育伝道師A.L.ハウは，アメリカ在住の兄に向けた1903（明治36）年7月27日付の手紙において，岡山孤児院の様子を次のように記している。[4]

　　「ところで，岡山の魅力は石井氏の孤児院です。…（中略）…ここには200名を越す子どもたちが，各家の責任を持たされた年かさの子どもたちのもとで，別々の家に生活しています。私の寝室からは，男の子たちの小さな家が2つ見渡せました。このような秩序と生活と自由…（中略）…めったに出会うことのない満足です。5時にラッパが鳴り，飛び起きて，庭の裾を流れる川に顔を洗いに行き，蚊帳と布団を片づけ，ベランダと階段を洗い流し，大きな庭を掃除して，そして子ども達は6時の朝食のラッパを待つのです。7時にもう1度お祈りのラッパが鳴ると，子ども達は別れます。印刷所に所属しない子ども達は休暇の間，遊び回り，他の子ども達

は印刷所で働きます。

『学校のある』日は，半日学校に通って，残りの半日は仕事をします。ここでは誰かがたくさんの計画をたてています。というのは，印刷やその他ほとんどすべての仕事がこういった子ども達によって行われるからです。しかしながら，すべてが規則正しく静かで，少しも急いだりはらはらする様子がなく，子ども達はとても幸福です。石井氏は十分な食事と，十分な仕事と，十分なお祈りがよいと信じています。子ども達の顔つきと態度…（中略）…とは，ここにいればいるほど着実によくなり，子ども達の多くは大変成功した男女に育ちます」。

石井十次の実践の特徴

石井十次の実践の特徴を示すものとして，「岡山孤児院十二則」（1902〈明治35〉年）が挙げられる。ここで十次は，岡山孤児院を「家族主義」「委託制度」「満腹主義」「実行主義」「非体罰主義」「宗教教育」「密室主義」「旅行教育」「米洗主義」「小学教育」「実業教育」「托鉢主義」という12条の基本原則に基づき，施設運営及び養護・教育実践を行った。

「家族主義」は，現代の小舎制養育のことを示している。各小舎を「家」と呼び，それぞれに担当の寮母を置くことにより「家庭」に近い状態での処遇を行った。「委託制度」は，現代の里親制度のことを示している。十次は，岡山孤児院近隣の農家に里親になってもらい，多くの子どもたちを委託するという先進的な取り組みを行った。「満腹主義」は，子どもたちに食事の制限をせず満腹になるまで与えることである。空腹を原因とする非行などを防止するための実践であった。「実行主義」は，子どもに言葉で教えるのではなく，自ら行う様を見せることによって教育するという考え方である。「非体罰主義」は，当時は日常的に行われていた体罰を行わないという考え方である。

「宗教教育」は，クリスチャンとしてキリスト教を強制することではなく，自らが信じる「善」や「義」を実行できる子どもを育むことであった。「密室主義」は，誉める場合も，叱る場合も，他者の前で行わず，子どもと十次とが一対一で話し合う環境のなかで行うということである。「旅行教育」は，限られた空間に留まらずに広く社会を知るという教育方針である。

「米洗主義」はその名の通り，異なる生育歴の子どもたちを同じ場所で切磋琢磨させあうことにより，それぞれの子どもたちの本質を発揮させるという方法である。貧困家庭の子どもたちの就学が免除されていた当時，教育を与えることこそが子どもたちにとって重要であると十次は考えていたことから施設内における「小学教育」の実践が行われた。

「実業教育」は，上記のA. L. ハウの日記からも分かるように，印刷業等の実業を一定年齢以上の子どもたちに対して課すことである。これは子どもたちの将来の自立を目的としたものである。「托鉢主義」は，聖書の「あなたがたは地上に富を積んではならない」という聖書の教えに基づき，市民に施設の理解を得つつ，少額の寄付金や補助金を集めて施設を運営するという方針である。

これらの先進的な理念を掲げることができた背景には，J. J. ルソーの自然主義教育論，スイスで孤児教育の実践と理論化を行ったJ. H. ペスタロッチの思想，イギリスで世界に先駆けて小舎制における児童養護実践を行ったT. J. バーナードの思想を積極的に吸収するという十次の努力があった。

留岡幸助と家庭学校

児童養護の父祖が石井十次である一方，非行少年に対する支援（教護・児童自立支援）の父祖として位置づけられているのが留岡幸助である。

北海道の監獄で教誨師をしていた留岡は，アメリカに留学し，非行少年に対する教育の重要性を学び帰国する。その後，1899（明治32）年に東京・巣鴨に私立感化院「家庭学校」を創設し，家庭的環境のなかで非行少年の立ち直りを支援するという実践を行った。1914（大正3）年，留岡は自然のなかでの感化実践という夢を実現するため，家庭学校の分校と農場を北海道に設立した。

留岡が巣鴨に作った「家庭学校」は現在，東京家庭学校という児童養護施設として運営されている。また北海道社名渕（しゃなぶち）に作った分校は，児童自立支援施設・北海道家庭学校として，現在も留岡の理念を大切にしながら，大自然の中での児童自立支援実践を行っている。

保護を要する子どもに関するホワイトハウス会議

日本の明治時代に相当する期間に，外国の児童養護はどのような展開を見せていたのであろうか。

1874年，アメリカのニューヨークで「メアリー・エレン事件」という児童虐待事件が起こった。養父母から鞭で打たれ，厳寒の屋外に放置されていたメアリーを救うために，宣教師や友愛訪問員が奔走した。この事件をきっかけに，ニューヨーク虐待防止協会が設立されることとなった。

1909年にはアメリカ合衆国における要保護児童施策の方向性を定めるため，保護を要する子どもに関するホワイトハウス会議が開催された。本会議を開催した第26代大統領セオドア・ルーズベルトは，1909年1月25日の声明文で「家庭生活は文明の最高の創造物であること」「最も重要で価値のある慈善活動は治療的なものではなく，予防的なものであること」「要保護児童にとっては家庭的養護が望ましいこと」などを発表している。

この会議を契機として，それまでは民間団体の慈善事業に依っていた児童福祉施策に関して，アメリカ政府が責任をもって推進していくこととなった。

3　大正期（1912～1926年）～終戦（1945年）までの児童保護事業

近代化の光と影――児童労働の問題――

1868（明治元）年に近代への脱皮をめざしてスタートした明治政府は，欧米諸国に追いつくために「富国強兵」「殖産興業」をスローガンとして掲げた。

明治から大正期における日本の主力輸出商品は生糸であり，1909（明治42）年には生産量が世界一になった。生糸とは蚕の繭をほどいた絹糸のことであり，繭から糸を解くためには熱湯に漬けなければならなかった。当時，「糸引き」と呼ばれた女工たちは，12～13歳の年齢で身売り同然の状態で働いていた。早朝から夜遅くまで，熱い蒸気の立ち込める工場で休みなく働く女工たちは，病に倒れる者も少なくなかった。

明治末期の1911（明治44）年に制定された工場法は，「12歳未満の者の工場就

業」や「15歳未満の者の1日12時間以上の就業」等を禁ずる法律であった。しかし，資本家達は安価な労働力としての児童を求め，工場法の施行に反対した。そのため，施行までに5年の期間がかかり1916（大正5）年の施行となっている。

大正期から終戦までの児童保護関連法

　岡山県の済世顧問制度及び大阪府の方面委員制度をもとに，1926（大正15）年には現代の民生委員制度の原型となる方面委員制度が全国に広がっていく。

　1927（昭和2）年10月には第1回全国方面委員大会では既存の「恤救規則」では救うことのできない，悲惨な貧困の状況が各地から報告され，1928（昭和3）年，新しい救護法案制定の提案をするための会議が東京で開催された。

　この提案を受け，1929（昭和4）年には「救護法」が制定されることとなった。本法律は，65歳以上の老衰者，13歳以下の幼者，妊産婦，心身の障害により労働能力のない者が貧困のために生活することが困難な場合，これを救護するというものであった。本法律では，救護の機関や施設さらには救護の方法等が具体的に定められており，「恤救規則」に比して充実した救護立法であった。

　しかし，1929（昭和4）年10月に端を発する世界恐慌による国家財政の危機により，1932（昭和7）年まで施行されない状態が続いたのであった。

　1933（昭和8）年には，「児童虐待防止法」「少年教護法」と児童保護関連法が続けて制定された。「児童虐待防止法」は，2000（平成12）年より施行されている「児童虐待の防止等に関する法律」とは内容が異なり，軽業（危険な曲芸を身軽にこなすもの），見せもの，曲芸，物売り，乞食などに保護者や親が子どもを使うことを禁止したものである。この背景には，経済恐慌や凶作の渦中で人々の生活が苦しい状況に追い込まれていたという背景があった。

　「少年教護法」は，1900（明治33）年に制定された「感化法」を大幅に改正したものである。懲罰的色彩の強かった「感化院」に代わり，不良化の未然防止を目的とする「少年教護院」での指導が行われることとなった。

第3章 子どもの養護の歴史と現状

太平洋戦争への歩み

　昭和に入り児童保護法制は充実したが，1931（昭和6）年9月の満州事変を契機に始まった太平洋戦争の進行のなかで，法律は徐々に機能しなくなった。

　1938（昭和13）年1月には厚生省が創設された。厚生省は，屈強な兵士を育成するために「国民体位の向上」を求める陸軍の意向に沿って設置された。

　同じ1938（昭和13）年4月，国家総動員法が制定された。この法律により，軍民を問わずすべての国民が戦時体制に巻き込まれることとなった。

　戦時中は厳しい思想・情報統制下であったこともあり，戦争に反対したり，日本の敗戦を予想する者はほとんどいない状況であった。子どもを保護し，教育する役割を担う「孤児院」や「少年教護院」においても，状況は同じだった。

　　「昭和十七年をむかへて　　　　S生
　　　私も新年をむかへ十五になりました。昔は十五歳になれば元服して一人前の男でした。今は大東亜戦争で私共と同じ位の青年達が国の君の為命をすてて働いて居るのです。私共も世の為に少しでも良いことをしなければなりません。私も十七年の一月一日に新しく心を入れかえて良いことをして居ります。これからも益々よい日本人となることを決心しました」。

　これは，少年教護院・山形県立養育園において1942（昭和17）年に書かれた作文である。(5)「孤児」や「非行少年」として，施設生活の中で肯定的な自己意識をもつことのできなかった子どもであればあるほど，戦争は自らの存在を国家のために役立たせるための意味をもってしまったのであろうか。15歳ほどの年齢で「満蒙開拓青少年義勇軍」に志願する子どもたちも多く，また施設の職員自体がそれを積極的に奨励するということが実際に行われていたのであった。

施設の子どもたちとともにガス室に入った孤児院長 J. コルチャック

　ユダヤ系ポーランド人のJ. コルチャックはワルシャワ大学にて医師免許を取得後，1911年にユダヤ人の孤児のための孤児院「ドム・シェロット」の院長となった。J. H. ペスタロッチの信奉者であったコルチャックは，戦後に「子

どもの権利条約」として花開くこととなる「子ども特有の権利を積極的に認める」という児童福祉思想の持ち主であり，子どもたち自身による議論や自治を尊重するという先進的な養護実践を行っていた。

1939年，ナチスドイツがポーランドに侵攻し，ポーランドのユダヤ人はゲットー（強制居住区）へ囲い込まれた。コルチャックはゲットーの劣悪な環境下でも，200名の子どもたちを守り続けた。しかし1942年8月，コルチャックと子どもたちはトレブリンカ強制収容所に移送され，ガス室にて殺害された。

「子どもの権利」を唱導したコルチャックは，子どもたちとともにガス室に赴くことをもって無残な戦争への反旗を翻しながら，子どもたちの命を最後の瞬間まで守り続けたのであった。

4 戦後（1945年〜）の児童養護

戦災孤児に対する保護

1941（昭和16）年12月8日の真珠湾攻撃に端を発する太平洋戦争は，1945（昭和20）年8月15日の玉音放送をもって終結に至った。

厚生省は，終戦から約1か月後の9月20日に「戦災孤児等保護対策要綱」を発表した。本要綱では，保護の対象を「保護育成ノ対象ハ主トシテ今次戦争下戦災ニ因リ父母其ノ他ノ適当ナル保護者ヲ失ヒタル乳幼児学童及青少年」とし，独立生計を営むまで保護を行うとした。

保護の内容としては，「個人家庭ヘノ保護委託」「養子縁組ノ斡旋」「集団保護」が挙げられた。だが，本要綱の実効性は低く，靴磨き等の労働や物乞い，徒党を組んで窃盗を行うなどの方法で自活せざるを得ない戦災孤児も多かった。

1948（昭和23）年2月に厚生省が実施した全国孤児一斉調査では，終戦後2年以上を経過した時点で12万3,511名の孤児が確認されている。

児童福祉法の制定

「戦災孤児等保護対策要綱」等の戦災孤児対策が功を奏せずに1年が経過し

た1946（昭和21）年9月17日，GHQ公衆衛生福祉部では「監督保護を要する児童の件」に関する会議が行われた。そこでは，児童福祉を前進させるためには厚生省の1局があたるべきとされた。また，中央社会事業協会他の団体は，児童の保護に関する法律の制定を求める意見書を提出した。

　1947（昭和22）年8月11日，政府は児童福祉法案をまとめ，第1回国会に提出した。国会における慎重な審議を経て，1947（昭和22）年12月12日に児童福祉法が成立，翌1948（昭和23）年1月1日から順次施行となった。

　戦前の児童保護関連法制は「保護を要する児童のみへの対応」に関するものであったが，児童福祉法では「すべての児童の生活保証と愛護」が謳われた。

　戦後日本の児童福祉体系を構築する上で重要な助言を行った人物として，アメリカの養護施設「ボーイズタウン」の創設者 E. J. フラナガンの存在を忘れることはできない。フラナガンは1947年4月から6月までの約2か月間日本に滞在し，日本各地の現状を視察するとともに施設の設備，職員の資格，配置基準等について定めた「児童福祉施設最低基準」を設定すべき等の勧告を行った。

ホスピタリズム論争

　終戦直後の混乱が徐々に落ち着き始めた1950（昭和25）年，養護施設・東京都立石神井学園園長の堀文次，神奈川県立中里学園園長の瓜巣憲三らが雑誌『社会事業』紙上で「ホスピタリズム論争」を行った。「ホスピタリズム」とは，集団的養護環境下において発生しやすい身体的・知的・情緒的な発達の遅れや，神経症的な傾向，そして対人関係上の障害等の一連の症状のことである。

　わが国における論争の展開と同時並行的に，イギリスの医師の J. ボウルビィは，「ホスピタリズム」が「母性的養育の喪失」（maternal deprivation）により引き起こされるということを研究成果から結論づけた。このボウルビィの研究結果は，わが国におけるホスピタリズム論争にも大きな影響を与えた。

　「ホスピタリズム論争」は，戦災孤児に対する緊急対応として始まった大舎制における養護実践を見直す契機となった。本論争は，小舎やファミリーグループホームなどの家族的養護に近い形態に改善するという方向性や，施設職

員の労働条件や研修方法，そして養護実践のあり方を改善する等の方向性に結実した。

永続性計画（パーマネンシー・プランニング）

1962年，アメリカの小児科医 H. ケンプらは「被虐待児症候群」という論文を執筆した。この論文が基となり，アメリカの各州では1963年以降，順次児童虐待通告法が制定されていった。年々虐待通告数が増すなかで，虐待親から分離され児童福祉施設や里親に措置された子どもたちがフォスターケアを渡り歩く「フォスターケア・ドリフト」が問題とされるようになった。

1980年に制定された「養子縁組補助及び児童福祉法」では，子どもの措置にあたっては「最も束縛の少ない環境」を選び，できる限り家庭的な環境に置くことが求められた。また，アセスメントをもとに立案したケース計画を6か月ごとに見直しながら，18か月以内に家族復帰を図るか，もしくは他の家族との養子縁組を行う「永続性計画」に基づいた措置を行うこととされた。

5 子どもの養護の現状 ——わが国における子ども虐待時代の到来——

入所児童数の低下と養護施設不要論

図3-1は，わが国における児童養護施設在所率を示したグラフである。1958（昭和33）年・1959（昭和34）年に96.8％という数値を記録して以降，1984（昭和59）年に至るまでは児童養護施設在所率は90％前後で推移していく。ところが，1984（昭和59）年の90.4％を一つの頂点として，1993（平成5）年に至るまで下降を続けていくこととなる。

現在では信じられないことであるが，この当時，戦後40年を支えてきた児童福祉施設は，役割を終えたという「児童福祉施設不要論」が論じられるようになった。戦後の少年非行「第3の波」も1983（昭和58）年をピークに過ぎ去りつつあり，バブル景気への突入を前に子ども問題も大きな変化を迎えていく。

1991（平成3）年にバブル経済が崩壊し，日本経済は低成長時代に突入する。

第3章 子どもの養護の歴史と現状

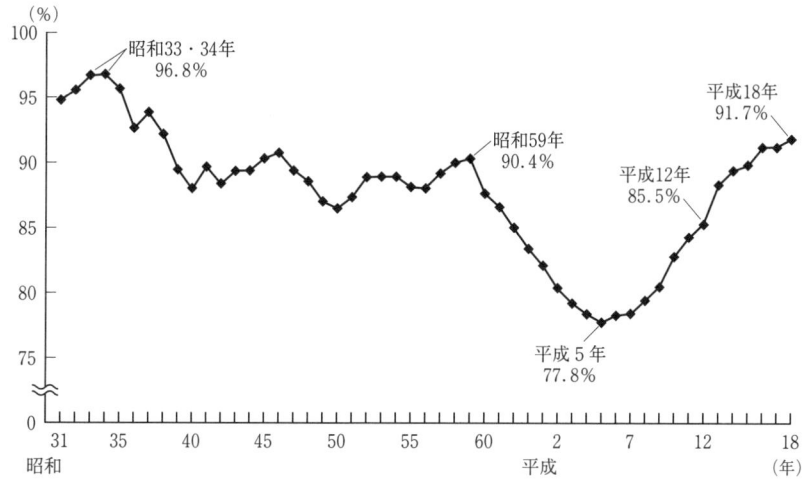

図3-1 児童養護施設の在所率の年次推移

（出所）厚生労働省大臣官房統計情報部『平成12年 社会福祉施設等調査の概況』、厚生労働省大臣官房統計情報部『平成18年 社会福祉施設等調査結果の概況』。

1993（平成5）年には再び児童養護施設在所率が上昇に向かうが、これは、いよいよわが国も子ども虐待時代に突入したことを示すデータと言えるであろう。

欧米を追うかのごとく子ども虐待時代に突入したわが国は、増加する被虐待児への支援という、かつてない課題に直面していくこととなる。

「家庭的養護」へのシフト

明治時代に石井十次が行った里親への「委託制度」に端を発し、戦後のホスピタリズム論争でもその有効性が議論されていた小舎制養護施設や里親による「家庭的養護」であったが、わが国では欧米のように「施設養護」から「家庭的養護」へのシフトがスムーズには進まなかった。

被虐待児が増加し、心のケアを含めた慎重な養護実践が必要とされる一方で、2007（平成19）年3月の段階で全国3万6,326人の措置児童中、里親に委託されている児童の割合はわずかに9.4％であった。2008（平成20）年11月26日に成立した改正児童福祉法では、養子縁組を前提としない養育里親について一定の研修を修めることとする等の要件が定められた他、養育者の住居で要保護児童を

養育する小規模住居型児童養育事業が創設されることとなり，2009（平成21）4月から施行されることとなった。

わが国が児童虐待時代を迎えて以来，社会的養護を必要とする子どもの数の増加，虐待等子どもの抱える背景の多様化等に対応した社会的養護体制の質および量的な向上が求められてきたが，本改正により「家庭的養護」のさらなる充実が期待されている。

6 歴史から学ぶ子どもの養護の鍵

本章では子どもの養護の歴史を，「黎明期」「明治期」「大正期から終戦」「戦後」「現代」という5つの時代区分に分けて概観してきた。限られた紙面で取り上げることのできた養護実践や関係法制はわずかであったが，子どもの養護は常にそれぞれの時代背景と緊密に結びつき，時代ごとの問題性を帯びつつもマクロ・メゾ・ミクロの各レベルにおいて一歩一歩前進してきたことを理解してほしい。

このような児童養護の歴史のなかで「不易」なるもの，「不変の真理」があるとすれば，それはどのようなものであろうか。

筆者はそれを，非血縁関係にある者が何らかの理由で家族とともに生活することができない子どもたちと新たな「家族」的関係を作るということであると考えている。

瓜生岩や石井十次，留岡幸助，J. コルチャックらの養護実践が，今日にあっても乗り越えることができない一つの理想形であり続けているのは，彼女／彼らが何か特殊な養護実践の技術をもっていたからというわけではなく，「何らかの理由で家族とともに生活することができない子どもたちと新たな『家族』的関係を作る」という命題に逃げることなく立ち向かい，時に悩みつつも実践し続けたからである。

1950年代のホスピタリズム論争や2000年代の被虐待児処遇論は，上記の命題について議論しようとしつつも，どこかで技術論の方向にすれ違っていってし

まっているのではないだろうか。

　わが国の児童養護も本格的な「家庭的養護」へのシフトに向けた転換期にさしかかっている。「何らかの理由で家族とともに生活することができない子どもたちと新たな『家族』的関係を作る」という命題に向き合うための方法が，ますます養護実践者には求められてくることとなる。

　児童養護の道を志す若い人たちには，先達の養護実践を学び直す過程から，それぞれのやり方で上記の命題に向き合うための鍵を会得してもらいたい。本章における養護の歴史の概説が，そのための契機となればこれに勝る幸いはない。

注・引用文献

(1) 古川は，児童福祉の歴史を日本の資本主義の発展状況と関連させ，「重商主義・自由主義時代：児童救済」「古典的帝国主義時代：児童保護」「国家独占資本主義時代：児童福祉」の3段階に区分している。古川孝順『子どもの権利』有斐閣，1982年，4頁。

(2) 現代の児童養護施設に連なる民間孤児院としては，1876（明治9）年に設立された福田会育児院が明治期に入ってから最も早く設立された施設とされている。

(3) 安達愚佛（憲忠）「瓜生岩子の事」東京市養育院月報『九恵』第146号，1913年，22-25頁（復刻版『東京市養育院月報』第7巻（不二出版）に所収）。

(4) アニー L. ハウ／中山茂子訳『A. L. ハウ書簡集』頌栄短期大学，1993年，244～245頁。

(5) 佐々木光郎・藤原正範『戦前感化・教護実践史』春風社，2000年，541頁。

参考文献

児童福祉法研究会編『児童福祉法成立資料集成　上巻』ドメス出版，1978年。
児童福祉法研究会編『児童福祉法成立資料集成　下巻』ドメス出版，1979年。
内藤二郎「安達憲忠と瓜生岩子」『駒大経営研究』Vol. 10, No. 2/3，1979年，135～145頁。
高瀬義夫『一路白頭ニ到ル――留岡幸助の生涯――』岩波書店，1982年。
岡村重夫『社会福祉原論』全国社会福祉協議会，1983年。
金子保『ホスピタリズムの研究――乳児院保育における日本の実態と克服の歴史――』川島書店，1994年。
野本三吉『社会福祉事業の歴史』明石書店，1998年。

第Ⅰ部　子どもの養護とは

ヤヌシュ・コルチャック／津崎哲雄訳『コルチャック先生のいのちの言葉』明石書店，2001年。

上野加代子・小木曽宏・鈴木崇之・野村知二編『児童虐待時代の福祉臨床学』明石書店，2002年。

横田賢一『岡山孤児院物語――石井十次の足跡――』山陽新聞社，2002年。

ロビン E. クラーク，クリスティン・アダメック，ジュディス・F・クラーク／門脇陽子・森田由美・萩原重夫訳『子ども虐待問題百科事典』明石書店，2002年。

岩永公成「フラナガンの来日と占領期児童福祉政策――政策立案過程と地方自治体の対応を中心に――」日本社会福祉学会関東部会編『社会福祉学評論』No. 3，2003年，12～26頁。

杣山貴要江「ルイス・アルメイダと社会事業――『育児院』が示唆するもの――」『日本文理大学商経学会誌』22（2），2004年，35～54頁。

推せん映像資料

子どもの養護の歴史については，文献資料にあたるよりも映像資料を通じてそれぞれの時代の雰囲気のなかでどのような養護実践が行われていたのかを学んでほしい。

映画『石井のお父さん，ありがとう』（山田火砂子監督作品・現代ぷろだくしょん）
　　――日系ブラジル人のニシヤマ・ヨーコのルーツ探しの旅を通して，岡山孤児院を創設し，命と生涯をかけて，3000人もの孤児を救った「愛と炎の人」石井十次の生き様を描く作品である。

映画『コルチャック先生』（アンジェイ・ワイダ監督作品・朝日新聞社）
　　――ナチスの侵攻により，平和を奪われた孤児院長コルチャックと子どもたちの姿を描く。ユダヤ人の強制収容所送りが始まるなかで，コルチャックは子どもたちとともに死の道へ赴くことを選択する。

映画『火垂るの墓』（日本テレビ製作・バップ）
　　――何の罪もない子どもたちが戦争に巻き込まれ，戦災孤児となっていく姿を描く。「清太くんが三宮駅で亡くなり他の浮浪児の遺体とともに荼毘に付されたのは，戦争が終わってからおよそ1か月後，戦災孤児の保護が法律で定められた翌日のことでした」というラスト近くのナレーションを聞きながら，沢山の清太くん・節子ちゃんが戦争で亡くなったことを思うと涙が止まらない。

第4章

子どもと親への援助

　家庭や地域の養育能力が低下しているなか，現代は子どもや家庭にとって子育てのしやすい・されやすい環境であるとは言いがたい。また，個々の子どもや家庭のもつ課題の内容・程度が異なると同時に，家庭・就労などに対する意識・価値観・あり方も多岐にわたっているため，一見同じように見える課題であっても，必要な支援は異なっている。このため，それぞれの子どもや家庭のもつニーズに応じたサービスを提供することが必要である。

　子どもの養護では，子ども自身の問題・課題のほか，家庭やそれを支える地域の課題などが多くあるなか，できる限り個々の子どもと家庭のニーズに応じられるよう，さまざまな機関・施設によるサービスが用意されている。必要とされているサービスの機能，提供方法などはニーズの種類や程度により異なっているが，本章では，子どもや家庭がニーズをもつに至る原因（子どもと家庭の課題）とともに，それを支える機関・施設の課題，そして，現代の子どもの養護をとりまく共通課題の3点について考えてみよう。

1 子どもと家庭の課題

　現代の子どもと家庭をとりまく課題とはどのようなものだろうか。子ども家庭福祉相談を受けつけている児童相談所および市町村の子ども家庭福祉相談窓口には，日々多くの相談が寄せられている。その相談の状況は，表4-1・表4-2の通りである。表4-1は2005（平成17）年の児童相談所での相談対応件

第Ⅰ部　子どもの養護とは

表4-1　児童相談所における子ども家庭福祉相談対応件数（平成17年度）

対応総数	367,852
養護相談	83,505
保健相談	3,411
障害相談	182,053
非行相談	17,670
育成相談	59,958
その他の相談	22,255

（出所）　厚生労働省「福祉行政報告例（平成19年度）」。

表4-2　市町村における子ども家庭福祉相談対応件数（平成18年度）

総　　数	270,653
児童虐待相談	47,933
その他の相談	222,720

（出所）　厚生労働省「市町村の児童家庭相談業務の状況について（平成19年度）」。

数，表4-2は2006（平成18）年の市町村子ども家庭福祉相談窓口での相談対応件数である。これらの状況から分かるように，子どもと家庭をとりまく課題には，障害や非行など子ども自身に何らかの課題のあるもの，親の死亡や離婚，疾患や障害，服役や依存症といった，家庭に何らかの事情を原因とするもの，そして，いじめなど子どもや家庭をとりまく環境などに起因するものなど，さまざまなものがある。子どもの養護におけるサービスの提供は，子どもの福祉を第一に考え行われる。

子ども自身の課題

　子どもの養護サービスを利用する理由として，まず，子ども自身が課題をもっている場合がある。児童相談所や市町村子ども家庭福祉相談窓口への相談対応件数にもあるように，まず，子ども自身に先天的・後天的な障害がある場合が挙げられ，障害に関する相談対応件数は他の相談と比較して非常に高い割合を占めている。これには，子どもの身体的・知的・精神的障害のほか，自閉症・アスペルガー症候群，ADHD，LDなどの発達障害といわれる障害などがあり，乳幼児の健康診査や，親や子どもに接する保育者などの人々の日々の養育のなかでの発達の遅れ・気になる言動への気づきなど，さまざまな機会を通して発見され，それに応じたサービスの提供が模索される。

サービスには，在宅サービスのほか，その子どもの障害や家庭の状況に応じた施設での通所・入所サービスなどがあるが，現在のところ，障害のある子どもや家庭が必要なサービスを必要なときに受けられるという状況には至っておらず，サービスの量的・質的拡充が必要とされている。

一方で，障害に気づかない，あるいは障害の受容が難しいなど，さまざまな理由によって支援を受ける時期が遅くなったり，障害を理由に子どもの幼稚園・保育所・学校などへの受け入れがうまくいかなかったり，障害が軽度であるためにサービスを受けにくかったりなど，多くの問題があることも事実である。

また，たとえば発達障害や知的障害などの障害に気づかず，育てにくい子であると親が認識し，それを原因として育児不安や虐待に結びつくということもある。このため，いかに子どもの障害を早期に発見し，早期に対応していくかが重要である。障害があるがゆえに，子どもの生活に制限や障壁があるのではなく，また，障害の程度にかかわらず，必要な支援を利用しながら，ともに理解し合い，ともに生きる社会を作っていくことのできるサービス展開が必要であろう。そのためには，福祉にかかわる人々のみではなく，地域全体を巻き込んでの取り組みが必要不可欠である。

さらに，障害が重度であったり，家庭での介助が難しかったりする場合など，施設で生活支援を受ける子どもについては，そのサービスの質をいかに上げていくかも，課題となってくるだろう。

このほか，子どもに非行や不登校などの傾向が見られる場合も，子ども自身の課題として考えられる。しかし，これら障害や発達，非行などは，子ども自身の問題ばかりではない。たとえば虐待によって身体障害や知的障害をもったり発達が遅れたりする，あるいは家庭の複雑な事情を背景にして非行行為が見られるようになるなど，背景に原因が複数ある場合もあるため，子どもと家庭に関する適切なアセスメントが重要である。

第Ⅰ部　子どもの養護とは

家庭の抱える課題

　子どもの養護サービスを利用する理由として，家庭が課題をもっている場合もある。その課題として，家庭内の不和，親の育児不安，死亡，蒸発，就労，虐待，アルコールや薬物の依存症，疾病，精神疾患，知的障害，身体障害，パーソナリティ障害，服役，ドメスティックバイオレンス（DV），不法滞在など，さまざまなものが挙げられる。

　たとえば親の育児不安は，家庭や地域の養育力が低下している今日では珍しいことではない。このような場合には，市町村の子ども家庭福祉相談窓口や児童相談所，児童家庭支援センター，地域子育てセンターなどをはじめとする地域の子ども家庭福祉に関する相談窓口を利用したり，保育所や児童館，障害児関係施設などが実施している育児支援サービス（育児講座や離乳食体験，遊び方・育て方に関する指導など）を利用したりすることができる。育児支援サービスは，社会福祉協議会やNPOなどが展開しているものも多数ある。

　また，就労によって子育てが難しい場合には，保育所での保育，居住型児童福祉施設による夜間養護（トワイライトステイ）[1]事業などを利用することができる。このほか，出産や入院，育児からのレスパイトのためなど一時的に子どもを預ける短期入所生活援助（ショートステイ）[2]事業も利用することができる。

　さらに，虐待や服役，疾病や障害，依存症，死亡や行方不明など，さまざまな理由で子どもの養育ができない場合には，子どもを乳児院・児童養護施設といった入所施設へ措置，あるいは里親へ委託する場合などもある。また，DVなどから避難し，母子で生活を立て直すため，母子生活支援施設へ入所する場合もある。虐待やDVに関しては，子どもや母親の生命の危険を伴う場合もあるため，慎重な判断と対応が必要とされている。

　いずれの場合も，子どもにとって最善の方法を検討し，その子どもと家庭に必要なサービスが検討され実施される。しかし，地域内には支援が必要であっても支援を受けられないまま潜在しているニーズがある。また，支援を受けていても，その量・質が不足している場合も少なからずある。このため，潜在ニーズをいかに顕在化しサービスに結びつけていくか，また，サービスの量・

第4章 子どもと親への援助

質をいかに向上させていくかが大きな課題である。

2 子ども・家庭を支える機関・施設の課題

子どもの養護にかかわる職員の労働環境に関する課題
　サービスの量的・質的不足という課題に加え，子どもの養護に携わる人々の労働環境に関する課題もある。たとえば，児童相談所の職員の労働時間や担当ケース数，家庭からのネガティブな反応や業務からくるストレスなどは大きな問題である。それはまた，相談機関のみではなく，特に入所施設においては，24時間子どもの養育に携わるための厳しいローテーション勤務や長い労働時間に加え，さまざまな事情や課題を抱えた子どもや家庭のニーズを満たす際の心身のストレスは非常に大きい。
　各機関・施設においては，サービスの量と質を高めようと日々努力しているが，業務の煩雑さやニーズの複雑化に伴う支援の難しさ，人的・時間的不足といった条件の下で対応せざるを得ない状況が続いている。このため，子どもの養護に携わりたいと願って就職しても，女性が結婚・妊娠・出産などによって退職せざるを得ない場合があったり，職員が日々の支援に疲れ，燃え尽きていく（バーンアウト）状況があったりすることも，今の大きな課題である。

子どもの養護にかかわる職員に関する課題
　子どもの養護にかかわる職員には，子どもや家庭に対する肯定的な視点とともに，さまざまな知識や技術が必要とされている。現在，短大や大学といった職員を養成する場では実習教育が実施されているが，平均世帯人員が減り，地域の子ども人口も減るなかで，「子どもが好きだが子どもと接したことはない」という学生も多く，子どもに慣れることで実習期間が終了する場合もある。しかし，職員として子どもの養護にかかわる時には，個々の子どもや家庭のニーズに応じていかなければならない。このため学生時代には，まず自ら子どもと接する機会をもち，子どもとの交流に慣れておく努力が必要不可欠である。

第Ⅰ部　子どもの養護とは

1人ひとりに対応した支援

　職員として，個々の子どもや家庭のニーズに応じるとはどういうことだろうか。子どもの養護は，単に「子どもがかわいい」「子どもが好きである」という気持ちのみでは務まらないという難しさがある。子どもの養護でかかわる子どもと家庭は，それぞれ何らかのニーズをもっている。また，そのニーズは個々の子ども・家庭によって異なっている。たとえば「被虐待児にはこうかかわる」「虐待をしてきた親にはこういった言葉をかける」といったマニュアルはなく，同じような年齢層の子どもに対する，同程度・同頻度の「身体的虐待」であったとしても，その背景は個々の子ども・家庭によってまったく異なっている。このため，その子ども，その家庭に適した支援を作り上げていくことが重要である。

真のニーズへの気づき

　また，相談者の言葉など表面化されている通りであるとは限らない。たとえば，親の就労のため保育所に通園している子どもの家庭に，虐待や家庭内の不和といった状況がある場合がある。育児不安ということで相談に来た母親に，家庭内での激しいDVや借金がある場合もある。虐待の通告があった家庭の親に会うと，その背景に親の精神障害や知的障害がある場合もある。さらに，施設入所しているわが子のことをきちんと見てくれていないと苦情をぶつけてくる親が，実は自分のこともきちんと見てほしいという気持ちを抱いていることもある。これらのように，表面化されている問題と子どもや家庭の状況が異なることは多い。

専門職としての知識・技術

　また，子どもは常にかわいらしく，親は支援に協力的であるとは限らない。障害によってこだわりが強かったり，一人ひとり障害の程度や現れ方が違ったりすることなどから，支援に困難を感じることもある。また，執拗に職員への試し行動を繰り返したり，自分の受けてきた痛みを伴う言動を，職員や他児に

対して繰り返したりすることもある。

　このような子どもと家庭への支援は，専門職としての知識や技術が必要である（各施設については第7章～第17章，里親については第18章，専門職については第19章を参照）。相談機関では，来談者に会った瞬間から情報収集が始まる。その人の言語的・非言語的メッセージの双方に気を配り，表面化されている問題の背景を理解し，その人およびその環境をアセスメントしたうえで，援助計画を立てる。それらをすべて，同時進行で行っている。通園・居住型施設においても，施設内での支援を個々の子どもと家庭に応じて立て，それをさらに家庭での養育や地域資源につなげていくことが必要である。また，日常の何気ない生活項目を支援として活用するという技術が必要になってくる。

　また一方でニーズがありながら，それを認められないでいる，あるいは相談先へ相談することができないといった地域の潜在ニーズにも目を向け，それらを顕在化していく必要がある。

　このように，子どもの養護に携わる職員は，日々自分の専門職としての力を向上させていくことが重要である。このため，スーパービジョン，研修，学習会などさまざまな自己覚知・自己研鑽の機会がある（第6章参照）。これらを活用しながら，不適切なかかわりやバーンアウトが起こらないよう（子どもや家庭のみではなく，援助者自身をも守ることができるよう）にすることが子どもの養護にかかわる人々の課題である。

　さらに，子どもの養護には，多くの機関・施設・関係者が実践に携わっている。同じ職場内であっても，その業務はさまざまである。自分の役割を認識し，いかに他の職種と連携しあうことができるかも重要である。さらに，施設内外の関係する機関・施設・人々との連携によって，子どもと家庭が地域での生活を円滑にできるよう，地域資源の開拓・展開も大切である。

3 子どもの養護をとりまく共通課題

家庭支援の重要性

　子どもの養護において，家庭環境を整えていくことは，子どもへの支援と同じくらい重要である。そして，その支援は第2部で述べられるように，子ども・家庭の状況によって異なっている。

　家庭の状況には，前述の通り，家庭内の不和，親の育児不安，死亡，蒸発，就労，虐待，アルコールや薬物の依存症，疾病，精神疾患，知的障害，身体障害，パーソナリティ障害，服役，ドメスティックバイオレンス（DV），不法滞在など，さまざまなものがある。このため，子どもへのサービスの提供のほか，母親などの他の家族員に危険がある場合には保護することが必要であったり，金銭的サービスが必要であれば生活保護を受けられるよう対応したり，疾病や障害が原因であればその治療をうながしたり，理解度に応じた説明（障害に応じて説明の仕方を変える，親の母国語に対応するなど）を行うことが必要であったり，子どもの養育ができるよう親のサポートが必要であったりなど，多くの支援が求められる。このため，居住型施設における支援では，生活を通して子どもを支援し，同時に家庭を支援，家庭と協働していくことが必要になってくる。また通園施設においては，家庭生活と施設内での支援をうまくリンクさせることが重要になってくる。しかし，たとえば，児童福祉法第28条[3]による措置ケースなど，子どもに最善であると考える方法と，子どもにとってもっとも大切な存在である親の意見の相違もしばしば見られることから，課題も多い。

　さらに，機関・施設に通園・入所している間のみが家庭支援の期間ではない。現在の子どもの養護は，その後のアフターケアも重要な役割である。アフターケアを積極的に展開するためには，多くの職員・時間・財政的基盤が必要である。しかし，現在のところ，アフターケアの大部分は各機関・施設の自助努力に任されており，大きな負担・課題となっている。このため，機関・施設での支援を受ける前の段階からアフターケアに至るまでの長いスパンでの地域資源

の活用も今後の課題であると考えられる。

自立支援および地域支援の重要性

1997（平成9）年の児童福祉法改正で，「自立」という概念が児童福祉施設の機能に追加された。自立支援は，すべての年齢段階にある子どもとすべての家庭に提供される。このため，その子どもと家庭に応じた自立支援計画が立案され，日々の支援のすべてが自立支援をめざして実行されており，前述の家庭支援も自立への大きな役割を担っている。しかし，家庭の機能が著しく低下している子どもについては，その子ども単独での自活生活のための自立支援が必要となってくる。

どの子ども・家庭の自立支援においても，通園・居住型施設における援助とともに欠かすことのできないのが地域支援である。この地域支援には，地域からの支援，地域への支援の2つの意味がある。

地域からの支援としては，子どもの養護にかかわる関係機関・施設及びその関係者からの支援，地域住民からの支援がある。児童相談所や児童福祉施設，保健所，里親，児童委員など子どもの養護にかかわる機関・施設・人々はもちろん，地域の医療機関，NPOも含めた民間団体，地域住民のボランティアなどがこれにあたる。機関・施設内での連携と同時に，これらの施設外との連携も重要である。

また，地域への支援としては，子どもの養護にかかわる機関・施設からの地域住民への支援が挙げられる。前節において，地域の潜在ニーズについて述べたが，そのようなニーズの開拓と支援のほか，顕在化しているニーズやアフターケアに関する積極的取り組みも重要である。

注
(1) 「子育て支援短期利用事業の実施について」厚生省児童家庭局長通知。
　　この事業は，児童を養育している家庭の保護者が疾病等の社会的な事由や父子家庭が仕事の事由等によって，家庭における児童の養育が一時的に困難となった場合

及び母子が夫の暴力により緊急一時的に保護を必要とする場合等に，児童福祉施設等において一定期間，養育・保護することにより，これらの児童及びその家庭の福祉の向上を図ることを目的とする。
(2) 「子育て支援短期利用事業の実施について」厚生省児童家庭局長通知。
　この事業は，児童を養育している家庭の保護者が疾病等の社会的な事由によって家庭における児童の養育が一時的に困難となった場合や，母子が夫の暴力により緊急一時的に保護を必要とする場合等に，児童福祉施設等において一時的に養育・保護することにより，これらの児童及びその家庭の福祉の向上を図ることを目的とする。
(3) 児童福祉法第28条
　保護者が，その児童を虐待し，著しくその監護を怠り，その他保護者に監護させることが著しく当該児童の福祉を害する場合において，第27条第1項第3号の措置を採ることが児童の親権を行う者又は未成年後見人の意に反するときは，都道府県は，次の各号の措置を採ることができる。
　　1　保護者が親権を行う者又は未成年後見人であるときは，家庭裁判所の承認を得て，第27条第1項第3号の措置を採ること。
　　2　保護者が親権を行う者又は未成年後見人でないときは，その児童を親権を行う者又は未成年後見人に引き渡すこと。ただし，その児童を親権を行う者又は未成年後見人に引き渡すことが児童の福祉のため不適当であると認めるときは，家庭裁判所の承認を得て，第27条第1項第3号の措置を採ること。

読者のための推せん図書

アルバート．E．トリーシュマン，西澤哲訳『生活の中の治療』中央法規出版，1992年。
　——子どもの生活施設において，どのような視点で子どもにかかわるのかについて，考えることのできる本である。生活施設において，子どもの言動や，生活項目のもつ意味をとらえ，意図的にかかわることは難しい。しかし，そこに職員としての専門性が秘められていることも事実である。実践にふれる前は理解するのに難しい本かもしれないが，実践にふれる前，そしてふれた後の2回読んでみてほしい本である。
市川和彦『施設内虐待』誠信書房，2000年。
　——施設内虐待があるということが明らかになってから，長い年月が過ぎた。そのなかで，子どもの権利に関する意識も高まり，子どもや家庭の苦情解決への取り組みも実施されるようになった。しかし，施設内における不適切なかかわりは根絶しているわけではない。そのようなかかわりがなぜ起こるのかといった

こととも含め，センセーショナルにとらえるのではなく，客観的に考えることのできる本である。

戸部けいこ『光とともに』秋田書店，2001年～。
　——光君という障害のある子どもと，その母親を中心とする家族，学校・地域など光君をとりまくさまざまな環境とのかかわりを，光君の成長プロセスとともに描いた漫画である。障害のある子どもの特徴や社会生活上のつまづき，その家庭の悩みや環境との連携などの状況を詳細に理解することができる。

諏訪利明・安倍陽子・内山登紀夫『発達と障害を考える本』ミネルヴァ書房，2006年。
　——障害児というと，特徴のある言動などから周囲が理解しにくい，また，それを子どもに伝えるとなるとどう伝えてよいのか戸惑うことがよくある。この本は，自閉症やLDなどについて，子どもの学校生活の場面で出会う場面を取り上げ，その子どもがなぜそのような言動につながるのか，友だちはどのようにかかわるとよいのかということを分かりやすく説明している。子どものみではなく，大人にも勧めたい本である。

第5章

子どもの養護にかかわる法律・施策・制度

　本章では，子どもの養護に関する法律，施策，制度について，その概略を整理する。
　わが国における子どもの養護関連施策については，太平洋戦争敗戦後の浮浪児対応策に始まり，非行少年，障害児，妊産婦，母子家庭などを対象として，経済的貧困，栄養健康上の問題などを補う（保護する）ことによって子どもの健全な成長を促進するよう施策が模索され，相互に入り組みながら子どもの生活全般をカバーするよう法整備が行われてきた（表5-1参照）。
　しかし，法律や施策・制度にかかわる議論は，まことにややこしい。使われる言葉もかたく，分かりにくい。うっかりすると条文の迷路に迷い込むおそれがある。したがって，ここでは幅広い法体系の一部分を取り上げることしかできないが，できるだけ大づかみに理解できるよう試みてみよう。

1　子どもの養護実施に向けて

少子化対策
　今日的な重要課題として「少子化対策」が，高齢化とセットで取りざたされている。生まれる子どもが少なくなって，高齢者の割合が増えたからである。少子化とは，長い間（1920年頃から約50年間）ほぼ200万人ずつ生まれていた新生児（最多は1949年の270万人）が，100万人しか生まれなくなったという統計上の変化のことであり，高齢化とは，総人口に占める65歳以上の人口の割合が長

第 5 章　子どもの養護にかかわる法律・施策・制度

表 5-1　子どもの養護に関連する法律など

日本国憲法 　　児童憲章 　　児童の権利に関する条約 民法 社会福祉法 少子化社会対策基本法 次世代育成支援対策推進法
児童福祉法 児童手当法 児童扶養手当法 特別児童扶養手当等の支給に関する法律 母子及び寡婦福祉法 母子保健法 生活保護法 民生委員法
就学前の子どもに関する教育，保育等の総合的な提供の推進に関する法律（認定こども園法） 食育基本法 育児休業，介護休業等育児又は介護を行う労働者の福祉に関する法律 母体保護法
障害者基本法 障害者自立支援法 身体障害者福祉法 知的障害者福祉法 精神保健及び精神障害者福祉に関する法律 発達障害者支援法
少年法 刑法 児童虐待の防止等に関する法律（児童虐待防止法） 配偶者からの暴力の防止及び被害者の保護に関する法律（DV 防止法） 児童買春・児童ポルノ等に係る行為等の処罰及び児童の保護等に関する法律 売春防止法 インターネット異性紹介事業を利用して児童を誘引する行為の規制等に関する法律 未成年者喫煙禁止法 未成年者飲酒禁止法 青少年健全育成条例

（出所）　筆者作成。

い間(1980年頃まで)10％以下だった(1970年7％)のに，20％を超えるようになった(今後もっと増加するはず)変化をさしている。

このように，これまでの人口構成が急激に変動してきたので，福祉政策もこれまでのやり方では立ちゆかなくなり，政策立案，実施担当者は，あの手この手と知恵を絞り工夫を凝らしているところである。法律の改変，新法の制定，制度の手直しなどが頻繁に行われているのは，こうした背景があってのことと言えよう。このように，子ども関連の施策には，必ず「少子化」がその要因として踏まえられているのである。

要保護児童に向けた施策
(1) 自立支援

子ども養護の施策の基本は，児童福祉法に規定されている。生活の困窮や生活上の難儀を抱えるなど，「親に代わって社会が保護すべき子ども」とみなされた子どもたちは「要保護児童」と呼ばれ，「発見」した人には福祉事務所か児童相談所へ「通告」する義務が課せられている。通告を受けて「調査」や「判定」が行われ，個々の子どもの必要性に応じた「措置」が行われる。施設への入所が必要とみなされた子どもは児童福祉施設へ入所措置され，「保護」と「自立支援」が実施されるが，原則としてこの措置は保護者の同意なしには行えないことになっている。児童福祉施設のうち，乳児院，児童養護施設，児童自立支援施設，情緒障害児短期治療施設，母子生活支援施設については，「退所後の相談支援」も，施設の目的(本来業務)のなかに含まれることになっている。

(2) 被虐待

現代の子ども虐待は1990年代に「発見された」[1]のだった。子どもが家庭内で親から一方的に理不尽な暴力をふるわれ時として命を失う事件は，むかしから頻々として起こっていたが，1990年頃からマスメディアが大きく取り上げ，特にひどい死亡事例を児童虐待事件として報道したこともあって，「子どもの虐待」が社会の関心を集めるようになり，政府や国会も何らかの対応を求められ

るに至った。このような背景があり，2000（平成12）年に，「児童虐待の防止等に関する法律」(2)が制定されたのである。

(3) 非　　行

14歳未満の子どもには刑事責任を問わないことになっている(3)ので，刑罰の対象とせず，警察の強制捜査の対象としなかった。処遇についても，14歳未満は児童福祉法に基づいて行うことになっているので，家庭裁判所の保護処分でも，児童自立支援施設か児童養護施設への送致しか選択肢がなかった。しかし，12,13歳の子どもによる惨い（社会を震撼させる）殺人事件の発生などをきっかけに少年法を改正して，14歳未満の子ども（刑事責任のない触法少年）に対する強制捜査を認め，おおむね12歳から少年院へ送致して矯正教育の対象とすることができるようになった。(4)

障害児に向けた施策

障害をもった"子ども"と，障害をもった子どもを養育する"保護者"への福祉サービスは，子ども家庭福祉の基本法である児童福祉法に規定され，"障害者"としての子どもとその家族への障害福祉サービスは，障害者基本法，障害者自立支援法及び障害のタイプ別に用意された法律によって，複合的にカバーされている。

児童福祉法では，「障害児とは，身体に障害のある児童または知的障害のある児童」（18歳未満）とされ，児童福祉法の制定（1947〈昭和22〉年）以来，障害のタイプ別に用意された児童福祉施設へ「措置」したうえでの「保護」「指導」が施策の主流となっていた。

しかし，子どもはやがて大人になる。障害のタイプや年齢，生活様式を超えた継続的で総合的な支援策が必要である。また，ノーマライゼーションの気運の高まりとともに，障害福祉サービスの主流が「自立」と「社会参加」の支援へと向かうこととなり，その施策の基本となる理念や行政の果たすべき責務などを総合的に示した障害者基本法が1970（昭和45）年に制定された。

支援対象・メニューの拡大

 この総合的な基本法ができてから25年後，2005（平成17）年に，身体障害，知的障害，精神障害，児童と成人などのカテゴリーを超えて共通する「自立支援」と「地域生活支援」を柱にした障害福祉サービスの多様なメニューの実施を規定した障害者自立支援法が制定された。この法律において「障害児」は，それまで児童福祉法で規定されてきた「身体に障害のある児童」「知的障害のある児童」に加えて，「精神障害者のうち18歳未満である者」と定義された。

 また，福祉サービスの利用形態についても，この法律の施行を機に障害児にかかわるサービスについては原則「契約」に移行することになった。しかしながら，措置の継続する分野もあり，実施の現場では移行期の混乱が散見されるところである。

 2004（平成16）年には，発達障害者支援法が制定され，「発達障害者」「発達障害児」という新たなカテゴリーが規定された。この法律によって，広汎性発達障害や学習障害，注意欠陥多動性障害など，概念があいまいで社会的認知度が低かったために公的な支援を受けにくかった人々に対する支援のあり方と，国及び地方公共団体の責務が明文化された。

ひとり親家庭に向けた施策

 「母子家庭」「父子家庭」の総称として「ひとり親家庭」と呼ぶのが一般的であるが，あとで見るように法律では母子・父子をあわせて「母子家庭等」と呼んでおり，支援の主たる対象が今でも母子家庭にあることを示している。「片親家庭」も一般には使われていたが，1970年代頃から英語の「シングル・ペアレント」の訳語として「単親家庭」が使われ始め，現在では「ひとり親家庭」に落ち着いた。

 ひとり親家庭に向けた福祉施策は「母子及び寡婦福祉法」や「児童扶養手当法」を主として実施されている。制定以来，経済的な支援が中心であったが，今後は生活の自立と安定をうながすためにも，有効な就労支援など多岐にわたる総合的な支援が求められている。また，これまで母親（母子・寡婦）中心に

第5章 子どもの養護にかかわる法律・施策・制度

作られてきたサービスのメニューを拡げ，父子家庭への実質的な支援策を講じる必要性も高まってきている。

2 子どもの養護にかかわる主な法律（児童福祉六法）

先に見たように，子どもの養護（あるいは子ども家庭福祉）にかかわるたくさんの法律が用意されている。直接的な福祉サービスのほかにも，さまざまなレベルで相互にからみあい補い合いながら，福祉の現場では人権擁護の考え方に立ってサービス利用者の意思と自己決定が尊重されなければならないことは，あらためて言うまでもない。しかし，法律によっては子ども本人や保護者の意に反して自由を拘束するような強制力をそなえたものもあることを，覚えておきたい。

以下，いくつか個別の法律について概観していきたいが，ここでは断片的に紹介することしかできないので，できるかぎり原文にあたってもらいたい。

児童福祉法（1947年）

1945（昭和20）年の敗戦によって，憲法をはじめ多くの法律が見直されることになった。少年法（1922〈大正11〉年），少年教護法（1933〈昭和8〉年），児童虐待防止法（1933〈昭和8〉年）など，「要保護児童」（親のない子どもや非行・不良行為になじんだ子ども，虐待を受けている子どもなど，親に代わって国による保護を必要とする子ども）の保護にかかわるものが中心だったのを根本的に見直し，障害をもった子どもを含め，特別の保護を必要とする子どももそうでない子どもも，子ども全般の健全育成と福祉の増進を図る総合的な基本法を制定することになり，1947（昭和22）年に児童福祉法が公布され，翌年1月1日から施行された。[5]

児童福祉法は，子どもの生活全般をカバーするだけでなく，生まれる前（妊産婦）から法の対象とした。

さらに，子どもを心身ともに健やかに育成し保護する責任を，親だけでなく，

国や地方公共団体（都道府県・市町村）にも課した。

児童福祉法に規定される項目のあらましを，以下，概観してみよう。

• 対　象

児童福祉法が対象とする「児童」は，18歳未満のすべての子どもである。ただし，場合によっては20歳まで（里親への委託など），あるいは20歳を超えても（重度の知的障害児）支援の対象としている。

• 専門機関

児童福祉法は「専門機関」として，①児童福祉審議会，②児童相談所，③保健所を規定しており，市町村，都道府県を「実施機関」としている。また，主として児童虐待への対応策として，民間団体を含めた関係機関・団体の連携を密にするため，地方公共団体は「要保護児童対策地域協議会」を置くよう努めなければならないとしている。

• 資格など

児童福祉法では，児童福祉にかかわる資格として①児童福祉司，②児童委員，③保育士について，その定義と働きの内容を規定している。たとえば，保育士に関する規定は第18条の4から24までに記されており，これは名称独占の国家資格であることとか，「信用失墜行為の禁止」「秘密保持義務」なども定められている。ちなみに「秘密保持義務」に違反した保育士には罰則も用意されており，「1年以下の懲役または50万円以下の罰金」となっている。

• 福祉の保障

児童福祉法による「福祉の保障」および「措置」としては概略となるが，次のような項目が並んでいる。

①障害をもった子どもや病気のため長期の療養を必要とする子どもと保護者への支援。療育の指導，居宅生活の支援，療育の給付，医療の給付，施設給付費の支給など。

②子育て支援，母子の保護，保育の実施など。

③要保護児童の保護措置。要保護児童対策地域協議会の設置，通告の義務，福祉事務所長・児童相談所長・都道府県のとるべき措置，児童虐待などの

場合の措置，里親への委託，児童福祉施設への入所など。また，親権喪失宣告の請求や未成年後見人選任の請求，子どもに対してしてはいけない行為（禁止行為）などについても規定されている。

• 施　設

児童福祉法が「児童福祉施設」として規定しているのは保育所，児童養護施設などの14種（178頁参照）であり，定義や目的などが条文として示されている。設備の基準や職員の資格など，もう少し具体的な事項は「児童福祉施設最低基準」（省令）に定められている。

• 事　業

児童居宅生活支援事業，放課後児童健全育成事業，子育て短期支援事業，児童自立生活援助事業（自立援助ホーム）に加えて，2008（平成20）年の改正で，小規模住居型児童養育（ファミリーホーム）事業，乳児家庭全戸訪問（こんにちはあかちゃん）事業，養育支援訪問事業，地域子育て支援拠点事業，一時預かり（一時保育）事業，家庭的保育（保育ママ）事業が法制化された。

• 費　用

児童福祉法に規定したサービスにかかる費用はどこが負担するのか。国，都道府県，市町村，利用者など，負担者とその割合も決められている。

• 罰　則

児童福祉法の規定に違反した者に対して21項目の罰則が用意されている。最も重いものは「10年以下の懲役もしくは300万円以下の罰金，またはこれの併科（両方を科す）」で，この罰の対象は，「児童に淫行をさせる行為」をした者である。

児童扶養手当法（1961年）

この法律の目的は，「父と生計を同じくしていない児童が育成されている家庭」の生活の安定と自立の促進に寄与するため，その児童の養育者に児童扶養手当を支給することによって児童の福祉の増進を図ることとされている。母子及び寡婦福祉法と密接に関連しているが，母子及び寡婦福祉法は福祉資金の

「貸付け」が主なのに対して，この法律は手当の「支給」となっている。その点では，児童手当法と類似している。法律名も似ているので混同しないようにしたい。

この手当支給の対象となる養育者とは，以下の①〜⑤のいずれかに該当する児童を監護する「母親」である。

①父母が婚姻を解消した児童，②父が死亡した児童，③父が政令で定める程度の障害の状態にある児童，④父の生死が明らかでない児童，⑤その他，①〜④に準ずる状態にある児童で政令に定めるもの。

また，母がないか，あるいは母が監護しないために，母以外の人がその児童を養育する（児童と同居して監護し，その生計を維持する）場合は，その養育者に対して支給されることになっている。

特別児童扶養手当等の支給に関する法律（特別児童手当法・1964年）

この法律は，障害等級1級及び2級に該当する20歳未満の障害児・重度障害児と20歳以上の特別障害者について支給される手当に関して規定したものである。

この法律によって支給される手当の種類と対象者及び手当額は次の通りである（2008年4月現在）。

- 特別児童扶養手当

精神または身体に障害を有する児童（障害児）を養育する父もしくは母，またはそれに代わる養育者（この規定は「児童扶養手当法」と密接に関連している）。支給額は1人につき月額3万3,800円（障害等級1級の場合5万750円）。

- 障害児福祉手当

精神または身体に重度の障害を有する児童（重度障害児）本人に支給される。支給額は月額1万4,380円。

- 特別障害者手当

精神または身体に著しく重度の障害を有する者（特別障害者）本人に支給される。支給額は月額2万6,440円。

第5章　子どもの養護にかかわる法律・施策・制度

　この手当についても，他の手当と同様に支給要件や所得制限などが細かく規定されているので，注意が必要である。

母子保健法（1965年）

　この法律は，母性ならびに乳児及び幼児の健康の保持・増進を図るため，保健指導，健康診査，医療などの措置を講じ，国民保健の向上に寄与することを目的として制定したと，第1条に謳っている。
　対象としているのは次のような人々であり，児童福祉法と密接に関連していることがわかる。
妊産婦：妊娠中または出産後1年未満の女子
乳　児：1歳に満たない者
幼　児：満1歳から小学校就学の始期に達するまでの者
新生児：出生後28日を経過しない者
未熟児：身体の発育が未熟のまま出生した乳児であって正常児が出生時に有
　　　　する諸機能を得るに至るまでの者
低体重児：体重が2500グラム未満の乳児
「母子保健の向上に関する措置」としては次のような事項が規定されている。
①知識の普及，②保健指導，③健康診査の実施（1歳6か月検診・3歳児検診），④妊娠の届け出，⑤母子健康手帳の交付，⑥低体重児の届け出，⑦未熟児の訪問指導，⑧養育医療の給付（病院に入院する必要のある未熟児に対してその養育に必要な医療の給付またはそれに要する費用の支給）。

児童手当法（1971年）

　この法律は，「児童を養育している者」を対象としている。
　「児童」とは，「18歳に達する日以後の最初の3月31日までの間にある者」（0歳から18歳になった3月31日までの者）と規定されているものの，2008（平成20）年4月時点での児童手当の支給要件は「3歳未満の児童」または「3歳未満の児童を含む2人以上の児童」の養育者となっている。しかしながら，法の

67

末尾に附則としてこと細かく書き加えられた「特例給付」の規定によって実際には,「0歳から12歳になった3月31日(小学校修了前)までの子ども」の養育者が支給の対象となっている(所得制限あり)。

このように,法律を一読しただけでは実際の制度が分かりにくくなってしまったのは,支給要件となる子どもの年齢や要件,金額,所得制限などの基準が,時世の変化や政府の思惑などによって頻繁に変更されたためだともいえる。

2007(平成19)年4月より施行の規定によれば,支給額(月額)は,次の通りである。

3歳未満の児童　一律10,000円
3歳以上の児童
　　第1子　　　5,000円
　　第2子　　　5,000円
　　第3子以降　10,000円

これらの手当は,所得制限額以上の所得のある養育者には支給されない(公務員も対象外)。所得制限額は,「被用者(厚生年金などの加入者)」とそうでない人(国民年金加入者)によって異なり,また,配偶者など扶養親族の人数によっても基準が異なっている。

母子及び寡婦福祉法(1964年)

この法律も戦後生まれであり,以後,社会情勢を反映しながら変遷を遂げてきた。

戦争に多くの男が兵士として出征し,帰らなかった(太平洋戦争の戦死者,軍人軍属約210万人,准軍属民間人約100万人とも)。都市は無差別空爆にさらされた(非戦闘員の死者約110万人)。大勢の人が家族を喪った。子どもを抱え夫を喪った妻(戦争未亡人と呼ばれた)も遺され,「母子家庭」となった。戦後の混乱期はもちろん,復興期になっても生活に困窮する「母子家庭」は多かった。このような人たちに国は,まず(せめて)経済的な援助を行う必要があるとして,1952(昭和27)年「母子福祉資金の貸付等に関する法律」をつくった。「給付」

ではなく「貸付」である。

　その後，高度経済成長期になって，1964（昭和39）年，援助の範囲を広げメニューを増やした法律を制定することになる。この法律は「母子福祉法」と名づけられた。

　それから約20年後，子どもが成人して母子福祉法の対象からはずれてしまった母にも支援を継続するため，1981（昭和56）年に法改正が行われ，「母子及び寡婦福祉法」と名称も変更された。「寡婦」とは一般に「夫と死別した女」（広辞苑）だが，この法律では「配偶者のない女子であつて，かつて配偶者のない女子として……児童を扶養していたことのあるもの」に限定している。

　ちなみに，この法律では「児童」とは20歳未満の子どもである。

　この法律は，第1条で，その目的を次のように謳っている。

　「母子家庭等及び寡婦に対し，その生活の安定と向上のために必要な措置を講じ，もつて母子家庭等及び寡婦の福祉を図ることを目的とする」。

　具体的にどのような措置が講じられようとしているのか，以下，簡単に見ておこう。

父子家庭への支援

　その前に，この第1条の「母子家庭等」の「等」に目をとめておきたい。第1条以下の条文に「母子家庭等」「母等」という言葉がたくさん使われている。「母子家庭等の母等」などの不自然な表現もある。この「等」とは何か。

　「母子家庭等」とは「母子家庭及び父子家庭」のことであり，「母等」とは「母子家庭の母及び父子家庭の父」をいう，と定義されている（第6条の第4，5項）。もとの法律では母だけが対象だったのが，やがて母子も父子も含めた「単親家庭（ひとり親家庭）」という呼称が一般的になり，父子の家庭もサービスの対象にすべきではないかとの見方が強まり，2002（平成14）年の改正で「等」が付け加えられた。しかし，サービスを規定する条文のすべてが「母子家庭等」「母等」「母等」に書き換えられたわけではなく，各種資金の貸付など経済的・現実的なサービスの対象から「等」は除外されたままである。

この法律が規定している具体的なメニューには、次のようなものがある。

「母子福祉資金」（事業開始の資金、児童の就学資金など）の貸付け、「母子家庭自立支援給付金」の支給、母親や父親が病気などの時の乳幼児の保育や食事の世話などの「母子家庭等日常生活支援事業」、寡婦が病気などのときの食事の世話などの「寡婦日常生活支援事業」「寡婦福祉資金」の貸付け、雇用促進、就業支援など。

上記の母子と寡婦に対する貸付け「福祉資金」には、①事業開始資金、②事業継続資金、③技能修得資金、④修業資金、⑤就職支度資金、⑥医療介護資金、⑦生活資金、⑧住宅資金、⑨転宅資金、⑩結婚資金、⑪特例児童扶養資金、⑫就学支度資金、の12種類が用意されている。

3 子どもの養護にかかわる法律

発達障害者支援法（2004年）

発達障害は、概念があいまいなまま知的障害の周縁領域の問題として推移してきたが、当事者、支援者、研究者などからの声が大きくなったのに応えるかのように、2004（平成16）年、具体的支援を規定した法律の制定をみた。この法律では「発達障害」その他の概念を以下のように定義している。

「発達障害」とは、自閉症、アスペルガー症候群その他の広汎性発達障害、学習障害、注意欠陥多動性障害その他これに類する脳機能の障害であって、その症状が通常低年齢において発現するものとして政令で定めるものをいう。

「発達障害者」とは、発達障害を有するために日常生活または社会生活に制限を受ける者をいう。

「発達障害児」とは、発達障害者のうち18歳未満のものをいう。

「発達支援」とは、発達障害者に対する次のような支援をいう。①その心理機能の適正な発達の支援、②円滑な社会生活を促進するために行う発達障害の特性に対応した医療的、福祉的、教育的援助。

この法律は、発達障害者の自立と社会参加に役立つよう、その生活全般にわ

第5章　子どもの養護にかかわる法律・施策・制度

表5-2　障害福祉サービスと自立支援給付

障害福祉サービス	①居宅介護，②重度訪問介護，③行動援護，④療養介護，⑤生活介護，⑥児童デイサービス，⑦短期入所，⑧重度障害者等包括支援，⑨共同生活介護，⑩施設入所支援，⑪自律訓練，⑫就労移行支援，⑬就労継続支援，⑭共同生活援助
自立支援給付	①介護給付費，②特例介護給付費，③訓練等給付費，④特例訓練等給付費，⑤サービス利用計画作成費，⑥高額障害福祉サービス費，⑦特定障害者特別給付費，⑧特例特定障害者特別給付費，⑨自立支援医療費，⑩療養介護医療費，⑪基準該当療養介護医療費，⑫補装具費

（出所）　筆者作成。

たる支援をすることで，発達障害者の福祉に寄与することを目的としており，具体的な支援策として①発達障害の症状の早期発見と早期支援に関する国と地方公共団体の責務，②学校教育における発達障害者への支援，③発達障害者の就労支援，④発達障害者支援センターの指定，の4項目について規定している。

障害者自立支援法（2005年）

　障害者に対する福祉サービスは，身体，知的，精神（いわゆる三障害）のタイプごとに各福祉法によって規定され，提供されてきたが，それぞれに格差（地域格差も）が大きく，特に精神障害者への福祉的サービスの立ち後れが指摘されてきた。

　この法律は，こうした格差を是正し，障害者及び障害児が等しく自立した生活を営むために必要な支援策を一元化した「障害福祉サービス」の給付制度を整備し，公平なサービス利用ができるよう手続きや基準を明確化するなど，大きな課題を抱えながら，2005（平成17）年に制定された。

　この法律では，「障害者福祉サービス」と，そのサービスを保障するための「自立支援給付」のメニューを表5-2のように規定している。

　これらのサービスを受けようとする障害者または障害児の保護者は，市町村に申請し，障害程度区分の認定を受けなければならない。とはいうものの「特例」「特定」「特別」など一読しただけでは区別のつかないものもあり，制限制約も複雑で難解なため，これらのサービスを利用しようとする人のために，利

用者からの相談に応じ，必要な情報の提供や助言をし，行政の窓口やサービス事業者との連絡調整などの便宜を提供する「相談支援事業」も，あわせて規定されている。

児童虐待の防止等に関する法律（児童虐待防止法・2000年）

家庭内におけるひどい子ども虐待の事例が「事件」として多数報道され，深刻な「社会問題」となったにもかかわらず，（諸外国のような）虐待防止のための法律がないとの声を受けて，超党派の国会議員のグループによって法案が国会に提出され，2000（平成12）年に制定された。略して児童虐待防止法と呼ばれることも多い。

ちなみに，わが国には1933（昭和8）年に制定された「児童虐待防止法」があり，1947（昭和22）年に児童福祉法に統合されるまで運用されていたことを銘記しておきたい。

「虐待」の定義

一方，現代版児童虐待防止法は，保護者による次のような行為を「虐待」としている（児童とは18歳未満の子ども）。

①児童の身体に外傷が生じるような暴行を加えること（身体的虐待）。
②児童にわいせつな行為をしたりさせたりすること（性的虐待）。
③著しい減食，長時間の放置，保護者以外の同居人による身体的・心理的虐待行為の放置など，保護者としての監護を著しく怠ること（ネグレクト）。
④児童に対する著しい暴言や拒絶的な対応，児童が同居する家庭内での配偶者に対する暴力など児童に著しい心理的外傷を与える言動を行うこと（心理的虐待）。

このような，「虐待を受けたと思われる児童」を発見した者は，速やかに福祉事務所または児童相談所へ通告しなければならないとする通告義務を国民に課している（たとえ誤報であっても通告者の責任を問わない）。特に，学校，児童福祉施設，病院など児童の福祉に業務上関係のある団体，および学校の教職員，

児童福祉施設の職員，医師，保健師，弁護士など，児童の福祉に職務上関係のある者は，児童虐待を発見しやすい立場にあることを自覚し，早期発見に努めなければならないとしている。そのため，この通告義務は，職務上知り得た他人の秘密を漏らしてはならないとする刑法の規定（秘密漏示罪）その他の守秘義務に優先することになっている。[7]

　この法律は，制定時から3年ごとに見直すことになっており，そのたびに改正が行われ，追加の条文が増え続けている。法律の基本は，早期発見早期対応であり，その実現に足りないものを付け加えるとの流れにあり，その主なものは，①被虐待児童の安全確認・救出・保護を担う児童相談所の権限強化（強制的な立ち入り調査・臨検，強制的な施設入所措置など），②その活動を妨げる保護者への牽制と罰則強化（保護者への勧告，面接・通信の制限，接近禁止命令）などである。

　被虐対児童の保護に向けて，児童相談所を中核に，多くの機関・施設・民間団体が連携しながらあたる必要があるため，児童虐待防止法と深くリンクしている児童福祉法も連動して改正され，地域の関係者が連携して対応するべく「地方公共団体は，要保護児童地域協議会を置くよう努めなければならない」とした。

　こうして，被虐待児童の発見・保護については対応策の整備が進んでいるかのように見える。しかしながら，そのあとの保護者と子どもの再統合という目標に向けては，まだまだ大きな課題が残されたままである。

少年法（1948年）

　少年法は，非行少年の審判と処遇について規定した法律である。わが国で初めて少年法が制定されたのは1922（大正11）年であるが，この旧少年法は，敗戦を機に全面的に見直され，1948（昭和23）年に現行少年法（新少年法）が制定された。

　前年の1947（昭和22）年に生まれた児童福祉法とこの少年法は，子どもの問題を扱う点において大きく重なり合っており，特に非行にかかわる子どもの処

遇については深く相互にリンクしあっている。

　福祉というフィールドで眺めると，児童福祉法は児童相談所を中心とした社会福祉の領域であるのに対して，少年法は家庭裁判所を中心にした司法福祉の領域をカバーしていると言えるだろう。

　どちらも子どもを対象にした法律ではあるが，対象の年齢は少し異なり，児童福祉法は18歳未満なのに対して，少年法は20歳未満を対象としている。どちらかといえば，児童福祉法は年少の「要保護児童」を担当し，少年法は年長の「非行少年」を担当しているとも言える。その境目は14歳である。その根拠は，刑事責任の有無であろう。わが国の制度では，刑罰の対象となる刑事責任年齢を14歳以上と定めてある。ということは，14歳以上の子どもに対しては自分の犯した違法行為に対して責任を問い，14歳未満の子どもには問わない，刑罰を科さないことになる。

「14歳未満」と「14歳以上」

　14歳未満で刑罰法令に触れた子ども（触法少年）を発見した者（多くの場合は警察による補導）は，その子どもが「要保護児童」と思われる時は，児童福祉法による福祉的処遇を優先するため，まず児童相談所に通告しなければならないことになっている。児童相談所は処遇について検討し，「在宅のまま児童福祉司による指導」，あるいは「児童自立支援施設への入所措置」などを決めるが，場合によっては，「家庭裁判所の審判に付すべき少年」として家庭裁判所に送致する。家庭裁判所は，14歳未満の子どもについては児童相談所から送致された子ども以外は審判に付すことができない。

　14歳以上20歳未満で罪を犯した子ども（犯罪少年）を発見した者（多くは警察による検挙）は，家庭裁判所の審判に付すため，子どもを家庭裁判所に送致しなければならない。

　家庭裁判所が審判を開いて決定する保護処分には，よく知られている少年院送致を含めて3種類（①少年院送致，②保護観察，③児童自立支援施設・児童養護施設送致）がある。

制定以来，少年法は14歳未満の少年院送致を禁じてきたが，12・13歳による殺人事件などが社会問題となったため，おおむね12歳から少年院送致ができるように改正された。

家庭裁判所の審判に付された少年または刑事裁判の被告となった少年の氏名，年齢，職業，住居，容貌等によりその者が当該事件の本人であることを推知することができるような記事または写真を新聞その他の出版物に掲載してはならないとする，記事などの掲載禁止条項がある。

4 頻繁に行われる法改正

以上，いくつかの法律を取り上げて概観してみた。この他にも多くの法律がからまりあっている。頻繁に改正されているので，どれが最新のものかを注意深くチェックする必要がある。改正されたが，まだ施行されていないものもあるので，同様に注意が必要である。

日本のすべての法律の基準となる憲法も，具体的な改正論議が行われており，改正の是非を問う国民投票実施のための法律も作られた。この国民投票法を制定するにあたって，児童福祉法と同じく18歳以上を成人と認めて投票権を与えたため，この法律に触発されるように，20歳以上を成人とする民法も改正して「18歳成人」とする案の検討も始まっている。こうした年齢見直しの対象になる法律は，刑法，少年法，未成年喫煙禁止法，未成年者飲酒禁止法など，実に308もの法律が改正されることになるという。

法律の変遷に目配りを怠らないよう，心がけたいものである。

注
(1) 津崎哲雄「『地域力』で対応できるか？――府下児童家庭内虐待対応の基本問題――」『京都府立大学地域貢献型研究事業2006年度　ACTR報告書第3号』京都府立大学福祉社会学部・子どもの虐待防止研究会　2007年，65頁。
(2) 略して「児童虐待防止法」と呼ぶことも多い。しかし，法制定後も深刻な虐待事件は後を絶たない。

第Ⅰ部　子どもの養護とは

(3) 刑法第41条（犯罪の不成立）「14歳に満たない者の行為は，罰しない」。
(4) 非行少年に対するこのような処遇（施策）の変化は「厳罰化」と呼ばれているが，このような変更には賛否両論がある。
(5) 少年教護法と児童虐待防止法は児童福祉法に吸収されたため廃止。少年法は全面改正され1948（昭和23）年に新少年法公布。
(6) 利用料の原則1割自己負担など，サービスのあり方については批判の声も大きい。
(7) 守秘義務違反には罰則があるのに，それに優先する通告義務違反に罰則がないことについては，議論の余地がある。
(8) どちらも，「子どもの健全な育成」を第1の目的としている。
(9) 少年法も，「保護優先主義」をその基本理念としている。
(10) 重大事件を起こしたため，その子の自由を制限し，または自由を奪うような強制的措置を必要とするときは，原則として家庭裁判所に送致しなければならない（少年法第6条の7）。
(11) 家庭裁判所が事件を受理して最初に決めるのは，審判の開始・不開始の決定である。また，審判終了時に下す決定には，「不処分」もある。
(12) 旧少年法にも同様の禁止事項があり，違反者には罰則が設けられていたが，戦後生まれの現行法からは罰則規定が削除されたので，違反しても罰せられることはない。

読者のための推せん図書

　「法律は苦手で…」という人が多い。「見ただけで頭が痛くなる」「読もうと思っても目が嫌がる」などという人もある。確かに，読み物としては法律の条文は最悪の部類だろう。しかし，そうはいっても，福祉の勉強に法令集は必要不可欠である。ここでは，実務や学習に必要な法令が系統的に集められ，できるだけコンパクトで読みやすく編集された3冊を紹介したい。
児童福祉法規研究会監修『児童福祉六法』（平成20年版），中央法規出版，2007年。
　　——B6判2,505頁。ここで紹介する3冊の中では，いちばん分厚い。なにしろ，児童福祉に関連する法律とそれを実施するための政・省令，告示等が133，さらに実施現場の地方自治体宛に厚生労働省の管轄部署から送られた「通知」が175も収録されているので，これ1冊あれば，たいていの用に対応できるだろう。目次にも工夫が凝らされている。

『児童虐待防止法等関係法令通知集』中央法規出版，2007年。
　——Ａ５判844頁。横組み。2000（平成12）年に「児童虐待の防止等に関する法律」（児童虐待防止法）が制定されてから，児童福祉分野の現場は，虐待への対応が大仕事となっており，その余波は近接関連各方面に及んでいる。この法律は制定以来３年ごとに見直されることになっているので，そのたびに条文が付け加えられ，児童相談所など関係機関の権限が強化されてきた。それにつれて，厚生労働省が各方面宛てに発する「通知」も多数に上る。その児童虐待防止法関連の法令と通知を集め，整理して１冊にまとめたら，こんな分厚い本になった。便利な資料集である。

山縣文治監修『社会福祉の基礎資料2008〔法令とデータ〕』ミネルヴァ書房，2008年。
　——Ａ５判588頁。法令・通知編491頁と図表・データ編97頁の２部構成。法令・通知編は，社会福祉一般，生活保護，児童福祉，高齢者福祉，障害者福祉の５つの領域ごとに「近年の動向」を解説し基本となる法令をコンパクトに選んである。図表・データ編も必要なものが分かりやすくまとめられ，図解されているので学習の役に立ちそうだ。

第Ⅱ部

子どもの養護の援助内容

第6章

子どもの養護の援助技術

　施設の生活で子どもたちは職員との信頼関係を基盤に，清潔な環境のなかで安全・安心が守られ，十分な休息や栄養の補給が確保されることになる。
　施設養護の目標は，子どもの早期家庭復帰や社会的に自立させることである。
　そのために子どもと親（保護者）に対し，どのような目標で，関係機関がどのような支援をするのか，どのように役割を分担するのかといった総合的な援助の計画が必要になる。
　援助の計画の内容は短期的及び中長期的な期間を想定して，①子どもへの直接的な援助，②子どもと親（保護者）の関係の改善，③親（保護者）への援助，④家庭の養育機能の改善への援助（関係機関との連携，協働）などである。

1　施設の概要と職員の役割

設備と運営基準

　児童福祉施設では，設備及び運営の基準が児童福祉施設最低基準（以下，最低基準）として厚生労働省令で定められている。
　最低基準は，憲法第25条の生存権の保障を前提として，児童が健康にして文化的な生活を保障されるのに必要な最低限度の職員の配置人数・資格及び設備や床面積，運営等について，施設間の格差をなくし施設養護の公平性をめざすために定められている。全10章からなり，第1章を総則とし，最低基準の趣旨，目的，設備，職員についての一般原則を定め，第2章より施設の種別ごとの基

準を具体的に定めている。

　厚生労働大臣や都道府県知事は，最低基準を維持するために，厚生労働大臣や都道府県知事は，施設の長に対し必要な報告をさせ，又は職員に実地監督させることができるほか，最低基準に達していないときには，必要な勧告，若しくは改善を命じ，または児童福祉審議会の意見を聴いてその事業の停止を命ずることができる。状況によっては施設の認可を取り消すことができるとされている（第46条，第58条，第59条の5）。

　以上のように，最低基準は行政庁による児童福祉施設の許認可基準を示すものであり，子どもが児童福祉施設に入所した後，個人として尊重され，健康で文化的な最低限度の生活の保障をされるための援助水準と援助内容を示した公的基準であると言える。

施設養護の仕事

　施設養護の仕事は，直接，人間が人間に接する仕事であり，さまざまな職種の職員がチームを組んで実践することを特徴としている。チームを構成する職員は，児童指導員，保育士，調理員，栄養士などと，家庭支援専門相談員，心理療法を担当する職員である。直接に子どもにかかわり身体的・精神的・社会的生活を全面的に支えているのが児童指導員であり，保育士である。

　児童指導員は主に子どもの生活指導，学習指導，ケースワーク，グループワーク等を行っている。児童指導員の資格は，最低基準第42，43条で規定されている。

　保育士は，社会福祉士と同様に名称独占の国家資格として保育士の名称を用いて，専門的知識及び技術をもって児童の保育及び児童の保護者に対する保育に関する指導を行うことを業とする者をいう。児童指導員等とともに子どもの心身両面の細かい気配りの中で生活指導や学習指導を担当したり，日常のケアワーク（身体介護──入浴・食事・排泄等，家事援助──掃除・洗濯・調理）で重要な役割を担っている。

　家庭支援専門相談員（ファミリーソーシャルワーカー）は，2004（平成16）年か

ら配置されている。人格円満で児童福祉に関し相当の知識・経験を有する者であって，虐待等の家庭環境上の理由により入所している子どもの保護者に対し，児童相談所と連携しながら電話や面接等により，入所している子どもの早期の家庭復帰が実現でき，家庭の再構築等が図れることを支援することを業務としている。現在の資格要件は前述の通りであるが，複雑多様化する援助活動に対し専門的技術や知識をもって，相談，助言，指導その他の援助を業務とするので，今後は社会福祉士などの登用が考えられている。

2006（平成18）年には，虐待等を受け社会や家庭に不適応を起こさないようにするには，早期にケアが必要であるとの考えから心理療法が必要と児童相談所長が認めた児童が10名以上いる施設について，心理療法を担当する職員が常勤で配置され，子どもの心理的ケアの充実が図られている。

子どもの「最善の利益」のために

子どもの権利条約，憲法，社会福祉法，児童福祉法，児童憲章等には，子どもの権利や人間性の尊重が謳われているが，施設養護の基盤はすべての子どものウェルビーイング（人権擁護と自己実現への支援）を保障することであると言える。

施設で生活する子どもたちは，年齢，性別，家庭的背景，性格行動，場合によっては文化，国籍，宗教など，養育背景がまったく異なっている。そして入所までの被虐待体験，保護者の疾病，離婚，行方不明，服役，死別などさまざまな事情によって，家庭や地域社会のなかで厳しい人間関係を経験している。

それゆえ施設の環境では，子どもをとりまく「人」「問題」「環境」の実態をしっかりとらえ，子どもの根底にある不安定感，不信感を払拭し，提供する援助内容の質を「人間としてふさわしい発達」ができ，自己実現に向けてよりよく生きたいと本人が努力できるような支援体制を用意しなければならないことになる。

具体的には，日々実践されている集団援助や個別援助によって，基本的欲求の充足（生理的欲求，安全欲求，所属・愛情欲求，自尊の欲求，自己実現の欲求），し

つけや教育，情緒的交流，文化の伝承などを充実させるためのプログラムを用意しなければならない。将来一人の市民として自立し，充実した生活を過ごすための基本的な生活習慣（食事，排泄，睡眠，衣服の着脱，手伝い，正しい生命観，善悪の判断力，金銭感覚），社会生活技術，就労習慣，社会規範（道徳心）を身に付けるための体験，教育，学習の機会の確保といったものである。

　これらが保障されて初めて，施設を退所した後，自分自身で健康管理，時間・金銭管理，家庭管理，安全・危機管理などができ，地域活動や余暇時間の活用にも自信をもって積極的に参加できるような基礎が築かれていくことになる。

　施設養護においては，何よりもまず，施設で生活する子どもが主人公であること，子どもが権利の主体であることを，常に心に留めておくべきである。それぞれの子どもの「最善の利益」を図ることこそが，児童養護施設の最大の目標である。

2　援助計画と自立支援計画

自己実現をめざす計画

　家庭から離れて，施設で暮らすことになった子どもの施設生活の過ごし方の手引書が『子どもの権利ノート』である。

　各都道府県で作成されている『子どもの権利ノート』は「子どもの権利条約」の趣旨に沿い，施設の生活で子どもが自らの権利を十分に理解し，また，主体的に行使できることについて学ぶことができるものである。

　子どもが施設入所をすると，他人である職員との間で「出会い」「日常生活の共有」「別れ」という限られた時間のなかで，他人から世話をされることになる。『子どもの権利ノート』は，人権侵害を受けている子どもの措置後に関係する大人が役割分担をして，子どもの最善の利益を第一に考えて，施設養護の環境づくりをしていくことを子どもに約束したものである。

　今日では施設で生活する子どもの多くに親がおり，親と子どもの両方が社会

福祉援助を受けることになり，親子関係の再構築や家族の福祉が重要なテーマになっている。施設養護では，子ども・保護者に対して具体的援助をどのように行うかといった道筋を明確にするために，児童相談所の「援助計画」と施設の「自立支援計画」が策定されている。

「援助計画」及び「自立支援計画」の内容は，子どもの最善の利益を配慮したもので，子どもだけではなく家族の権利にも考慮されており，家族一人ひとりのウェルビーイング（人権擁護，自己実現への支援）をめざし，アセスメント（事前評価），援助方針，計画・実行，評価のプロセスを重視し，児童相談所及び施設が子どもや親の人柄，環境，解決能力などの独自性を十分に理解したうえで，個別的，総合的，計画的に養護問題の解決を進めていこうとするものである。施設養護の流れは，図6-1（86～87頁）のようになる。

児童相談所の「援助計画」

児童相談所は，施設への入所措置を決定した場合に，子ども・保護者に実行する具体的援助の指針を示すために「援助計画」を策定する。

「援助計画」とは，入所に必要な理由，現時点で子どもや保護者等が抱えている課題や問題点を把握し，中長期的な見通し・目標に到達するために必要な現状の課題・問題点とその除去の見通しなどを，子どもや保護者，家族への具体的な援助方策としてまとめたものである。当然，施設においての援助も含まれていることから施設と協力して進めていくことになる。

また，子どもが施設入所した時に，その子ども（家族を含む）の当面の課題，長期的な目標を設定しているが，その課題や目標の達成度，子どもや保護者の変化や家族の変動によって，設定した課題の適否を点検する必要が出てくるので，点検の時期を定めて，その時期がくれば見直すことになる。

さらに，子どもが施設に措置委託された場合には，施設の「自立支援計画」に引き継がれていく。その意味では児童相談所と施設，ならびに子どもと保護者をつなぐ橋渡しの役割を果たしている。

施設の「自立支援計画」

「自立支援計画」は，児童相談所の「援助計画」を受けて策定するケアワークを主とした援助の計画である。施設の援助は，養護プログラムに沿って，その子どもが年齢相応に適切な発達をしているのかを見極め，課題の発見をすることから始まる。

そのため，「自立支援計画」では，生活課題として，①基本的生活習慣（整理・整頓，金銭や物の大切さ，礼儀作法，尊敬・感謝の気持ち），②自主性（自分でものごとを計画し，実行する），③責任感（約束したことや自分の言動に責任をもつ），④根気強さ（粘り強く物事をやり通す），⑤創意工夫（探究的な態度をもち，進んで新しい考え方や方法を見つける），⑥情緒の安定（一時的な衝動を抑え，落ち着いて行動する），⑦寛容・協力性（相手の立場を理解し，自分と異なる意見を尊重する。集団の一員として助け合う），⑧公共心・正義感（規則を守り人に迷惑をかけない，正しいことを勇気をもって行う），⑨勤労意欲（進んでしごとと奉仕活動を行う）などを内容とし評価することが必要になる。

これら生活課題への取り組みは，毎日の生活の掃除，排泄，食事，洗濯，学習，遊び等のケアワークを通して行うものである。

「自立支援計画」の策定では，まず子どもを理解する力を養うことに重点を置くべきである。子どもの抱えている生活面，学習面，対人関係面，家族関係面等の問題の本質を見極め，現状を客観的に分析することにより達成課題を明確化し，着実に効果的援助を実行できる力量が求められる。

そのためには，社会福祉専門職としての「知識・技術・価値（倫理）」を有する職員集団の育成が必要になる。幅広い施設内研修の充実を図るとともに，施設外の研修会への積極的な参加などを通じて広く研鑽を積み，バランスのとれた熱意のある職員集団を育成する必要があり，そのために施設長の果たす役割は大きい。

さらに生活課題へのとりくみでは，課題の設定をするだけではなく，全職員がチームワークによるケアを考え，入所から退所まで一人ひとりの課題を認識し，「自立支援計画」を踏まえながら継続して援助にあたる必要がある。チー

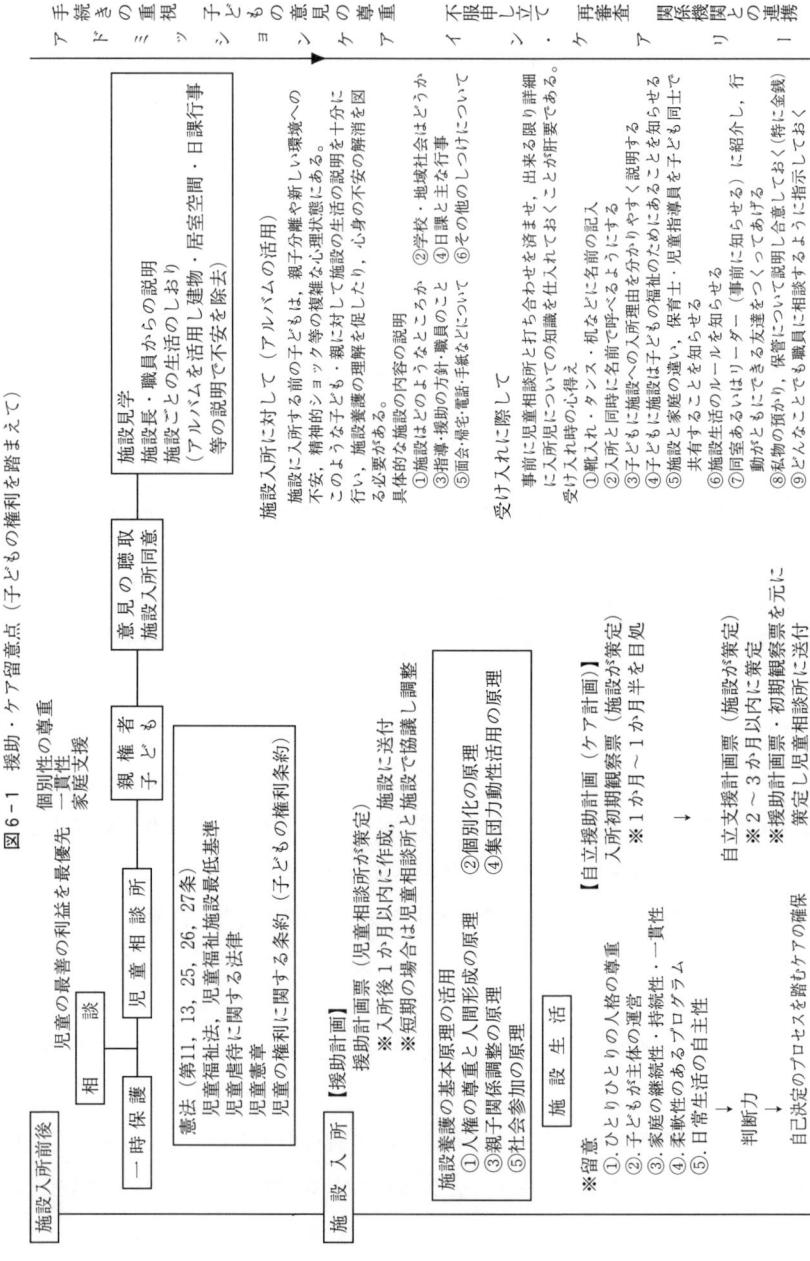

第Ⅱ部 子どもの養護の援助内容

図6−1 援助・ケア留意点（子どもの権利を踏まえて）

児童の最善の利益を最優先
個別性の尊重・一貫性
家庭支援

```
施設入所前後 ─ 相談 ─ 一時保護
                  │
                  児童相談所
                  │
                  憲法（第11、13、25、26、27条）
                  児童福祉法、児童福祉施設最低基準
                  児童虐待に関する法律
                  児童の権利に関する条約（子どもの権利条約）
                  │
                  親権者
                  子ども
                  │
                  意見の聴取
                  施設入所同意
                  │
                  施設見学
                  施設長・職員等からの説明
                  施設ごとの生活のしおり
                  （アルバムを活用し建物・居室空間・日課行事
                  等の説明で不安を除去）
```

ア ドミッション・ケア
　施設入所に対して（アルバムの活用）
　施設に入所する前の子どもは、親子分離や新しい環境への不安、精神的ショック等の複雑な心理状態である。このような子ども、親に対して施設の説明を十分に行い、施設養護の理解を促したり、心身の不安の解消を図る必要がある。
　具体的な施設の内容の説明
　①施設はどのようなところか　②学校・地域社会はどうか
　③指導・援助の仕方・職員のこと　④日課と主な行事
　⑤施設へ帰宅・電話・面会などについて　⑥その他のしつけについて

　受け入れに際して
　事前に児童相談所と打ち合わせを済ませ、出来る限り詳細に入所児について知識を仕入れておくことが必要である。
　受け入れ時の心得
　①靴入れと同時に机、ダンス、机などに名前の記入
　②入所と同時に施設内で名前で呼べるようにする
　③子どもへの入所理由を分かりやすく説明する
　④子どもに施設は子どもの福祉のためにあることを知らせる
　⑤施設と家庭の違い、保育士・児童指導員を同時に共有することを知らせる
　⑥施設生活のルールを知らせる
　⑦同室の年長いはリーダー（事前に知らせる）に紹介し、行動がともにできる友達をつくってあげる
　⑧私物の預かり、保護について説明し合意をつくっておく
　⑨どんなことでも職員に相談するように指示しておく

```
施設入所 ─ 【援助計画】
          援助計画票（児童相談所が策定）
          ※入所後1か月以内に作成、施設に送付
          ※短期の場合は児童相談所と施設で協議し調整
          ①基本原理の活用　②個別化の原理
          ③親子関係調整の原理　④集団力動性活用の原理
          ⑤社会参加の原理

          【自立援助計画（ケア計画）】
          入所初期観察票（施設が策定）
          ※1か月～1か月半を目処
          ↓
          自立支援計画票（施設が策定）
          ※2～3か月以内に策定
          ※援助観察票・初期観察票を基に
          策定し児童相談所に送付
```

施設生活
　※留意
　①ひとりひとりの人格の尊重
　②子どもが主体の運営
　③家庭の継続性・持続性・一貫性
　④柔軟性のあるプログラム
　⑤日常生活の自主性
　↓
　判断力
　↓
　自己決定のプロセスを踏むケアの確保

イ 不服申し立て
ウ 再審査
エ 関係機関との連携

子どもの意見の尊重
手続きの重視

86

第❸章 子どもの養護の援助技術

	入所当初のアプローチ	過度の緊張状態であったり、自己表現ができなかったり、感情を抑制している場合が多いので特別な観察、特別な対応が必要である
	在所中のアプローチ	①施設内における職員や子ども相互間の人間関係の調整を図りながら、子どものニーズの充足について個別的援助を展開していく ②必要に応じて家族と連絡をとり、面会・帰省など社会参加が円滑に行えるように援助する。また家庭復帰や社会参加が円滑に行えるように援助する ③問題行動などで特別な指導や配慮を要する児童については、児童相談所との連携を通じてカウンセリングやプレイセラピー等の治療を活用する指導の援助が必要である
	退所前のアプローチ	社会適応の強化に援助の重点を置く必要がある
	①家庭復帰の場合	受け入れ体制の整備 子どもの最善の利益を考慮し、親子関係の調整・受け入れの準備
	②就職の場合	子どもの希望、能力と求人先が一致するように、学校や職業安定所等の関係機関と連携する 子どもと話し合う場を多くもち、出来る限り子どもの希望に添った職場を開拓するように努力する 施設内の親離れ職員の定着率の低さ、転職の繰り返しが多く見られる。人間的に未熟な段階で退所したことでの問題処理をがうまくできず安易な方向を選択する傾向も強い。したがって子どもが社会に適応し、自立できるまで指導援助を継続することやアフターケアが大切である

施設入所中

※自立支援計画・まとめ(評価)の留意点
①評価が管理中心になっていないかの考慮
②評価ができる実力の育成
③評価は複数の職員ですることが前提
④複数の職員が集まれる時間の確保
⑤記録を書く時間の確保

※援助の原則
①[児童の最善の利益]の最優先の考慮
②親のパートナーとしての位置づけ
③家族関係の維持と調整・強化(一貫性及び継続性)
④適切な情報による子どもの知る権利の確保
⑤子どもの思いや意見の尊重(判断力→選択力→自己決定力)
⑥プライバシーの保護(自身の将来が左右されるような事柄)
⑦援助計画と自立支援計画の整合性の再審査(到達と修正の定期的確認)

援助計画表に記入、担当

日常の実践=自立支援、人権擁護
生活上の欲求の満足度
生理的・心理的・社会的欲求の充足
基本的生活習慣
社会性と自主性
経済性
学校生活と学習指導
性に関する指導
親子関係
安全管理と事故防止
生命の安全を維持、休息・疲労回復
情緒の安定を図り心の傷を癒す取り組み

在籍児童の状況調査票(訪問調査票)
(児童相談所と施設で協議)
※自立支援・自立支援計画の点検
※記載したものを施設に送付

援助のまとめ票(各施設で作成)

2年目以降
自立支援計画票(施設が策定)
※ことも5月内に児童相談所に送付
※自立支援計画点検票
参考：援助計画の援助
在籍児童の状況調査票(訪問調査票)

記録(ケースレコード)
ケアの評価や新たなケア方法を発見していくための資料として重要

施設退所後

※ケースレコードやケアカンファレンスで知り得た個人の秘密は厳守のこと

(注) アドミッションケア―施設に入所する前後に必要な援助。インケア―入所中の援助。リービングケア―社会的自立(経済的・精神的)に必要な社会生活への援助。アフターケア―施設退所後の援助。
(出所) 筆者作成。

87

ムワークは，職員間で綿密な情報の交換を円滑に行いつつ，職員一人ひとりの個性と力量によって与えられた役割を担い，共通の目標に向かって協力することによって実現するものである。特に，それぞれの子どもを職員一人ひとりがどのように評価し見ているのかといったことや，子どもに関するさまざまな情報の共有がチームワークの基盤となる。全職員がチームワークを組んで実効性のあるものにすることが大切になる。

その際，生活課題を管理面（健康管理，安全保護を主な目的とする。子どものニーズを的確に把握し，日課に基づき規則正しい生活のリズムで過ごしているか分析評価し，安定的な生活を送っているかどうかを評価する），援助面（子どもが希望したり要望したりしたことが実現できるような援助を評価する。施設の生活環境のなかで子ども自身が日常生活を積極的に楽しんでいるかどうかを評価する），指導面（子どもが養護される立場から独立して，生活を維持していく立場に成長するために必要となる知識，能力，態度が身に付いているかどうかを評価する）に整理すると，問題の改善や個性の違いの理解が深まり記録も書きやすくなる。

記録は，施設が社会に対し公的な場で施設養護を専門的に行っていることの証拠を示すものである。また，保育士・児童指導員・心理士などの職員が専門職として，子どもの状況や状態，要求を正しく理解して，適切に対応し社会的責任を示した根拠になるものであり，施設職員と関係者との連携を媒介する手段となるものである。記録の記入は，文字，記号，図表などを使うが普段から書くことに慣れておくことが大切である。たとえば，日誌，メール，レポートを書くなど機会はいくらでもある。字の上手下手よりも，読みやすく誤字脱字のない文章を書くことが大切である。

施設の記録には，実践記録（日常援助記録，業務日誌，職員会議録，ケース会議録，心理士面接記録，保健衛生管理簿等）及び個人の児童票（フェースシート），入所時記録票，初期観察票，育成経過記録，退所児童票などがある。

『自立支援計画』は，最低基準第45条の２にあるように，入所中の個々の子どもについて，子どもやその家庭の状況等を考えて，その自立を支援するために施設における実践を意識的に整理し評価する意味をもつものである。

3 入所から退所までの流れ

施設養護の始まり

(1) 子どもの受け入れ

　今日の施設養護は，子どもと保護者が社会福祉援助の対象になっている。そのために説明責任（インフォームド・コンセント）の考え方を反映することが大切であり，施設生活の情報を十分に提供したうえで，丁寧に説明し，意向や希望を聞き入れることが必須になっている。

　子どもの実際の受け入れ時では，子どもと保護者は児童相談所の児童福祉司に連れられて施設を訪れ，施設長，家庭支援専門相談員（ファミリーソーシャルワーカー），児童指導員，保育士などに迎えられることになる。

　施設にとっては入所の業務はよくあることであっても，子どもと保護者にとっては重大事である。子どもと保護者に，歓迎されているのだということを伝えることが大切になる。そのため，最初に接する職員の言葉や態度は重要である。

　事前に決められている担当職員が，親しく名前を呼んだり，部屋に案内をしたりしながら名前が書かれている寝具，タンス，机などを示すと，子どもは歓迎されよいところに来たとの安心感をもつようになる。

　落ち着いたら時間をつくり，衣類や日用品，文具などを担当職員と一緒に買いに出かけるようにすると，緊張から解放され近隣の様子が理解でき，担当職員との信頼関係をさらに深めることができる。

(2) 入所時の手続き

　施設の生活環境は，家庭を離れ施設に入ってくる子どもにとってはまったく未経験の領域である。

　このような子どもと保護者に対して施設の生活の説明を十分に行い，施設養護への理解をうながし納得のうえでの入所ができるようにする。さらに約束ごとの徹底を図っておくことも重要になる。

子どもには『子どもの権利ノート』などを用い，子どもの年齢や発達状況に配慮しながら，施設での実際の生活やルールなどを理解させる。それとともに，子どもの生活全般に関することと，保護者の現住所と勤務先及び連絡方法，親戚知人の状況など親をはじめとする家族のプライバシーに関わる内容を，子どもに適切に知らせておく必要がある。ただし，家族の情報のなかには子どもに知らせたくない内容があり，伝え方やタイミングについては職員会議で確認し，職員間で共有するなど高い専門性が求められる。

(3) 職員の専門性

施設職員が自身の専門性を高めていくためには，現場における教育が大切になる。それは，現任訓練（OJT）という形で行われている。施設では，勤務している先輩が後輩を指導及び教育している場合が多い。

現場の職員の業務を指導育成する役割を担うものとして，スーパーバイザーがいる。施設長や主任がその役割を担い，部下の業務を管理し，教育指導にあたったり，仕事での行き詰まりや問題を抱えて悩んでいる状態を支えることを業務内容とする。このスーパーバイザーによる管理・教育・支援をスーパービジョンといい，スーパービジョンを受ける側をスーパーバイジーと呼ぶ。

スーパーバイジーも単に受け身でなく，スーパーバイザーに何を求めているのかを明確にし，具体的に問いかけることができなければならない。

今日の施設養護の目的は，子どもの世話とともに，子どもが元の家庭に戻り，再び親と生活ができる状況を整えていくことにある。したがって，児童養護施設の機能は，家族が家庭の再統合の実現ができるまでの家庭の支援，補完，代替機能にあるわけであるが，それは単に日々の子どもの生活を保障することにとどまるのではなく，子どもの親・家族への積極的な働きかけを必然的に含んでいると言わなければならない。

説明としては，子どもの病気，ケガへの対応について，予防接種の有無とさらに接種への保護者の同意，金銭の管理への同意をとっておくことが必要である。さらに，面会，外出，一時帰宅の説明をし，協力を得ておくことも重要になる。

入所時に持参した金銭，衣類，学用品などの私物は，明確にしておく必要がある。また，入所後に保護者が与えたり買ったりしたものも同様である。保護者のなかには，渡した金銭，衣類，玩具などに神経質で，それが紛失したり，他児が使用することに不満や不快の念を表し苦情になることがある。施設における苦情処理，第三者による評価，公益通報者の保護等，枠組みは徐々に整備されてきているが，信頼を損ない親とトラブルになったりすることがあるので十分に気を付ける必要がある。ただし，こうしたとりくみは，子どもと保護者の状況に応じ，個別に行う配慮が必要である。

施設長の親権代行と援助

近年の児童養護ケースの傾向は，親族の協力や地域での育児支援が得られにくく，短期の施設入所を利用するケースもあるが，入所期間が長期化している事例も多いという特徴を見せている。入所期間の長期化の背景には，虐待など，家族関係の調整や家庭復帰が困難な事例の増加が考えられる。そのため，無理な引取要求をめぐる問題など，施設長の親権代行と保護者の親権との間の軋轢(あつれき)に伴うさまざまな問題が生じている。

児童福祉法第47条は，「児童福祉施設の長の親権」について規定し，施設入所した子どもに対する親権を実の親に代わって行うことを認めている。その内容は，「監護，教育及び懲戒に関し，その児童の福祉のため必要な措置をとること」であり，親または未成年後見人が定まるまでの限定的なものであると言える。

また，児童虐待防止等に関する法律においては，施設長は子どもを現に監護している者であり，「保護者」に該当することになる。そのため，施設長による虐待はこの法律の児童虐待に該当し，施設職員が行う虐待を放置した場合は，ネグレクト（保護の怠惰や拒否などにより健康状態や安全，健康な発育を損なう行為）と評価されることとなる。なお，施設長や職員によるいわゆる体罰は，同法第3条に規定する虐待に該当し，児童福祉施設最低基準により懲戒に係る権限の濫用として禁止されている。

施設養護と退所の形態

児童養護施設の役割や機能は、その時代の社会問題や経済問題を反映していると言われている。施設養護での自立の援助とは、子ども一人ひとりに自分は大切にされていると実感できる安全で情緒の安定した生活ができる環境を用意し、子どもが基本的生活習慣を身に付け、豊かな人間性及び社会性を養い、社会的に自立ができるように、前向きに心豊かに生きていけるように、考えられるように育てることである。

それは、一人ひとりの子どもの精神的、身体的、社会的な発達のため、各自の特性と能力に応じて基本的なしつけを行い、生活技術（ソーシャルスキル）、就労習慣と社会規範を身に付け、総合的な生活力が習得できるように、一人ひとりの子どもにふさわしい援助内容と方法により育てることである。

近年の施設養護では、親との関係が不調で情緒的に不安定な子ども、高年齢の子どもに対する援助が課題になっている。

養護問題の課題が複雑多様化している子どもには、退所と同時に自立を求めるのは容易なことではなく、入所中の援助だけではなく、施設を退所した後も継続的な援助を必要としており、退所後の見守りとしてアフターケアの重要性が増している。

そのため2004（平成16）年の児童福祉法の改正により、入所している子どもの養護に加え、自立の支援、退所した子どもの相談援助等のアフターケアを行うことが法律で定められた。

施設を退所する形態は、おおむね家庭復帰と社会参加による退所に分かれる。

(1) 家庭復帰による施設の退所

入所理由の改善（家庭の養育機能の回復、子ども自身が抱える問題の改善）による場合に、家庭復帰となる。さらに、子どもが中学または高校を卒業した時、あるいは卒業に合わせ親が引き取る場合も家庭復帰に含めていることが多い。

家庭復帰をめざした家族の再統合への働きかけは、どのような場合であっても、子どもが親や家族と離れて施設入所をした時から始めることになる。戻った後の生活を想定し、子どもに必要な生活条件が確保できるように児童相談所

や親と協働しながら準備を進めていくことになる。

　子どもが施設に入所することは，親子にとっては今まで経験したことがない新しい親子関係の始まりであり，親子が新たな家族の再構築に向けて歩み出すことである。

　子どもが親を思う気持ちに応え，子どもと家庭との関係が維持されるように，施設は可能な限り学校行事の案内，施設便り，面会，外出，一時帰宅などの機会を設け，親との関係が途切れないようにすることが大切になる。また，子どもは親に関しては非常に敏感であり，親や家族をどのように整理するのか，どのようにして再統合していくのか，関係機関等と連携を図りながら，子どもの状態を十分に把握しつつ援助する必要がある。

　子どもの家庭復帰は，親の突然の引き取り，再婚による引き取り，長期入院から退院したための引き取りなどさまざまな形態があり，個々の事例に沿った配慮が必要となる。

　家庭復帰に向けて，子どもが将来のビジョンを描くことができ，見通しがもてるような施設養護のプログラムの充実を図ることが重要になる。家族との再統合が困難なケースであっても，親や家族との絆を保ちながら相互の信頼関係を構築することが大切になる。

(2)　直接社会参加による施設の退所

　一般に子どもが社会人として自立していくには，中学校から高校へ進学し，高校からさらに大学あるいは専門学校へ進学し，卒業して社会人として巣立っており，ほとんどの者は20歳前後になって社会的に自立している。

　この時期は，将来どう生きていくのか，どのような人間になるのかと悩み，職業を選び収入の確保（永続する就労・経済的安定）を行い，生活の維持（衣・食・住，家事，金銭等）をしながら未来をどう切り開いていくのかなどを真剣に考え，自身の将来の進路を決定し，自己の人生設計を立てていくのに極めて重要な時期である。そのため，時間をかけてさまざまな経験を積んでいる大人から，人生の先輩として人生観や望ましい生き方，多岐にわたる職業の内容や情報などを聞く機会を設けるなどしながら自立に備える時期でもある。

施設では，中卒時あるいは高卒時に施設から直接勤め先の寮や雇い主の家に住み込みで就職する子どもやアパートなどでひとり住まいをする子どもがいる。この子どもたちは，転職や失業すると帰るところがなく，生活する場も同時に失うことになる。それゆえ子どもを社会参加させる場合，中卒で就職した子どもと高卒で就職した子どもでは，生活の危険回避に能力の差があることを理解しで注意深く見守る必要がある。

施設を措置解除になり就職した子どもは，中卒・高卒にかかわらず頼る人もいないなかで，初めて大人の仲間入りをすることになる。

施設出身の子どもの中には，直接勤め先の寮や雇い主の家に住み込みで就職する子どもやアパートなどでひとり住まいをする子どもがいる。このような子どもたちは，転職や失業すると帰るところがなく，生活する場も同時に失うことになる。それゆえ子どもを社会参加させる場合，中卒で就職した子どもと高卒で就職した子どもでは，生活の危険回避に能力の差があるので，その差を意識して注意深く見守る必要がある。

児童福祉法の対象になる年齢は18歳未満であり，例外を除き公的援助である措置が解除される。家庭の子どものようにモラトリアム期間の延長が認められない。18歳で公的援助を打ち切られ，ひとりで競争社会に参加せざるを得ないのが現実である。施設を出た後の子どもたちは，社会経験の不足，社会生活に必要な知識の欠如などから生活不安の気持ちをもち続けている。

2008（平成20）年からは，施設から自立する子どもの生活や就業に関する相談支援や，当事者の自助グループ活動を支援する地域生活支援事業が，モデル事業として取り組まれている。

参考文献
厚生省児童家庭局監修『子どもの虐待の手引き』1994年。
児童養護研究会編『養護施設と子どもたち』朱鷺書房，1994年。
花村春樹・北川清一編『児童福祉施設と実践方法――養護原理の研究課題――』中央法規出版，1994年。
許斐有『子どもの権利と児童福祉法』信山社，1996年。

厚生省児童家庭局家庭福祉課監修『児童自立ハンドブック』1998年。
野澤正子『児童養護論』ミネルヴァ書房，1998年。
許斐有・望月彰・野田正人・桐野由美子編集『子どもの権利と社会的子育て』信山社，
　2002年。
入江実『養護原理』さんえい出版，2003年。
小田兼三・石井勲編『養護原理　第4版』ミネルヴァ書房，2006年。
北川清一『児童福祉施設と実践方法──養護原理とソーシャルワーク──』中央法規
　出版，2005年。
財団法人日本児童福祉協会『子ども・家族の相談援助をするために』2005年。
財団法人日本児童福祉協会『児童保護措置費手帳』2006年。
農野寛治・合田誠編著『養護原理』ミネルヴァ書房，2008年。
野澤正子・森本美絵編著『家族援助論』ミネルヴァ書房，2008年。

読者のための推せん図書
厚生労働省雇用均等・児童家庭局家庭福祉課監修『子どもの権利を擁護するために
　──児童福祉施設で子どもとかかわるあなたへ──』日本児童福祉協会，2002年
　──児童福祉施設で働く児童指導員，保育士に求められる子どもの権利擁護のあり
　　方を実践しやすいようにQ＆Aの方法をとって解説されている。マニュアル
　　としては最適である。
遠藤和佳子・松宮満編『児童福祉論』ミネルヴァ書房，2006年
　──変革の中にある児童福祉の分野が，わかりやすく整理されているので全体を把
　　握するするためのテキストとして良い本である。

第7章

乳児院における援助内容

　この世に生を受けて誕生してきた幼い「赤ちゃん（乳児）」が親や家庭のさまざまな事情により，人生のスタートとなる乳幼児期を，一時的にあるいは長期的に養育するのが乳児院である。本章では乳児院の役割や，職員らがどのような理念や専門性をもって，実際に入所児童への「援助」などにあたっているのかについて理解を深めてほしい。

1 乳児院の目的と対象

　乳児院は，「乳児を入院させて，これを養育し，あわせて退院した者について相談その他の援助を行う」（児童福祉法第37条）ことを目的とする施設とされている。ここでいう乳児とは満1歳に満たない者を言うが，乳児院での養育では，「(保健上，安定した生活環境の確保その他理由により特に必要のある場合には，幼児を含む)」と規定されている。そもそも乳幼児という低年齢児童を入所させ，きめ細やかな養育するところが乳児院の特徴である。
　また設備や運営面などについては，厚生労働省令の「児童福祉施設最低基準」により，設備・職員・養育の内容・乳児の観察・保護者等との連絡などの主だった内容が定められており，たとえば養育の部分では「乳児の健全な発育を促進し，その人格の形成に資することとなるものでなければならない」（第23条第1項）と記され，ごく当然のことなのだが，この乳幼児期が将来健全な大人へと育っていく大切な基礎となることを考えれば，乳児院に課せられた使

命は大変大きなものである。さて実際，地域に数多くある保育所や幼稚園などと比較して，乳児院が求められる役割を整理してみると，①家庭的な養育・援助を行う役割，②養育の一貫性への配慮をもって援助する役割（ケアの分断を解消することなど），③入所前に形成された心身の問題点などについての解消に向けて援助する役割，④早期家庭復帰をめざすとともに地域の関係機関（医療・保健・福祉）との連携をもつ役割，⑤職員が権利（子ども）の代弁者となる役割，⑥自主的な自己表現ができる子どもとなるよう育ちの保障をしていく役割などがあげられる。

　これらの役割を全国各地の乳児院が責任をもって実施していくために『乳児院養育指針』が作成され，いまこの指針に基づいて実践されているところである。

2　子どもの日常生活

自立支援計画

　居住型の児童福祉施設では，入所から退所に至るまでの中長期的な「自立支援計画」を，(乳児院も含む)すべての施設で個々のケースごとに作成され，その概要は，児童相談所より入所時に養育・援助の「指針的な親や子どもの意向も踏まえた計画」が立てられ施設に送られ，それを受けて施設側で親や子どもの意見を確認するとともに施設側の意見も記入し，当面の課題や中長期的な課題なども整理して，目標を設定し，さらに定期的な見直しと再評価をしていくという形をとっている。

無理のない計画的な日常生活（養育計画――援助計画）

　子どもの育ちは，月齢や年齢に応じた心身の発達を踏まえ計画性をもって実践することで，客観的にも科学的にも有効となる。乳児院では，さまざまな事情で入所する子どもたちの将来像をも展望した目標設定を行い，またこれらを含めた施設の全体的な計画として「養育計画」を作成し，さらに養育計画をも

とに，年間や月間あるいはデイリーの「援助計画」や個々の「個別の援助計画」を立てている。

　たとえばデイリーでは，日々の食事，排泄(はいせつ)，睡眠などの生理的な周期を軸に，月齢の標準的な健康生活リズムを基準化し，子どものリズムを受容しながら毎日の日課を通して少しずつ適応させていく。

3　事　例

　各乳児院では居室の広さや設備のほか，子ども個々の「月齢や発育・発達面」ならびに「愛着形成や保育看護」，「各職員の専門性や力量」なども考慮し，創意工夫してクラス編成を行っている。ここでは定員数が50名のＡ乳児院におけるデイリープログラムと，ある子どもの１日の生活などを紹介する。乳児院が親を巻き込んで養育支援を行う様子や職員の細やかかつ多様な業務内容，とりわけ健康管理業務の大変さや緊急時の対応場面など，日々の生活においてよく出合うケースを掲げた。

事例の概要

　Ａちゃんは１歳２か月児の男児である。生後３か月で母の精神疾患や離婚などの理由で乳児院に入所した。ポッチャリした体型でこれまでの発達も全般的に順調である。ただ生後６か月頃より喘息が出だし，いまも定期的な医療機関への受診や院での吸入などを行っている。母は院の近隣に住んでおりＡちゃんへの愛情も深く，院の職員との関係も良好で，体調がよいときはほぼ毎日午後から自転車で来院する。

１日の生活

　朝６時30分に夜勤職員の「おはよう」の掛け声で起床し，オムツ交換をすませ，お茶を飲む。職員はＡちゃんの機嫌や咳，鼻汁，眼脂(めやに)などがないか視診を行う。７時を過ぎるとベッドから出て，着替えをして室内遊びや吸入処置，８時

第7章 乳児院における援助内容

表7-1 デイリープログラム【Aちゃんのクラス】

時　刻	日　課	時　刻	日　課
6:30	起床・オムツ交換・視診・着替え	16:30	検温・保育又は通院
8:00	朝食・排泄	18:00	夕食・排泄・与薬・保育
9:00	与薬・検温	19:30	着替え・歯磨き
9:30	院外散歩又は通院	20:00	検温（病児のみ）・与薬・就寝・巡視
10:30	水分補給・排泄		
11:30	保育	22:00	巡視・授乳
11:40	昼食・与薬・着替え	23:00	検温（病児）・巡視
12:00	午睡	0:00	巡視（夜間20分に1回は必ず個別に巡視）
13:00	検温（病児のみ）・授乳		
14:00	午睡起床・排泄・着替え	2:00	検温・巡視
14:30	院外散歩又は保育	5:00	検温・巡視
15:30	入浴・視診・保育	6:00	授乳（必要な子ども）

（出所）　筆者作成。

からは時間をかけ朝食をとり，食後の与薬や検温，オムツ交換などを行う。9時30分から10時30分までは院周辺へ散歩に出かけ，帰院後はオムツ交換して急ぎ嘱託医師への定期通院にでかける。他の子どもは部屋で職員による絵本の読み聞かせや室内遊びをする。11時30分に医院より帰院し，そのまま昼食をとり食後の与薬と吸入処置をすませパジャマに着替え，正午すぎには午睡に入る。

14時に午睡から覚め，母が面会のため来訪する。母もクラスに入り職員とともにAちゃんにおやつを与え，室内遊びを一緒に行いつつ15時30分より20分程度入浴の介助，その後湯冷ましで水分補給などを行う。16時すぎよりプレイルームにて親子で1時間程度遊び，17時には再度クラスに戻り検温や夕食の介助を行い17時30分に帰宅する。母が帰り，食後は与薬や排泄をすませ室内にて絵本読みやビデオ観賞などの自由遊びをしながら，19時すぎにはオムツ交換，吸入処置，着替えをして，ベッドに入り20時頃に就寝する。

深夜0時を過ぎたころより，突然Aちゃんに普段とはとりわけ違う「喘鳴」（ぜんめい）が現れ，水分補給を行ったが陥没呼吸も出てきたため，0時15分に急ぎ救急車を要請し，夜間の救急医療機関へ受診する。0時40から3時まで病院にて点滴や吸入の処置を受け，症状がかなり改善したためタクシーにて3時30分に帰院した。

4 アフターケア

リービングケア時からのサポート体制づくりの必要性

　乳児院と児童相談所は連携して，家庭復帰に向けての親子調整（リービングケア）の段階から，あらかじめ復帰後は地域のどの機関（たとえば保健所，市町村の児童福祉課，家庭児童相談室，保健センター，保育所など）がどのようにその家庭を支援していくのかをよく話し合っておく必要がある。最近，乳児院では親対応などの窓口として「家庭支援専門相談員」を配置し，早期家庭復帰をめざし日々努力しているところであるが，とりわけ虐待のリスクがある場合には綿密な調整を行い，退所する地域の「児童虐待防止ネットワーク」や「要保護児童対策地域協議会」などへつなげ，退所する子どもやその家族の情報を十分に引き継いでおくことが大切である。

アフターケアの重要性と実際

　乳児院ではアフターケアのことをよく「フォローアップ」ということばに置き換えることがある。このことばの意は乳児院側からアクションを起こして働きかけていくということで，たとえば直接的に電話や手紙で連絡をとったり，家庭訪問したり，間接的には関係機関を通じて確認する方法などもある。実際，退所後の支援策は，入退所理由などによりさまざまであるが，「親が引き取りを望んでいるのだから」といって，家庭に戻ってすぐに親子関係が順調に再形成するとは限らず，児童相談所から地域の関係機関へつなげ，その誰もが「もう安心」と言えるまで親子の状況をその目で見て確認し，「見守り」を行うことが重要である。また退所の条件として，保育所利用や乳児院への定期的な来所面接を行わせることがある。もしも約束が守られなかった場合には，迅速に家庭訪問をして子どもの「安全確認」をしなければならない。

　いま児童相談所や施設，地域の関係機関や関係団体などとの連携や役割分担が，まだはっきりと定まり機能しているとは言いがたい状況である。不適切な

かかわりを受けた児童らが，また地域へ戻り安心して新たな生活がスタートできるよう，急ぎ地域でのセーフティネットの充実・強化が望まれるところである。

参考文献
乳児院養育指針策定委員会編『乳児院養育指針（改訂版）』全国社会福祉協議会・全国乳児福祉協議会，2002年。
乳児院における個別対応職員のあり方にかかわるガイドライン検討委員会編『乳児院における家庭支援専門相談員ガイドライン』全国社会福祉協議会，2003年。
山縣文治・柏女霊峰編集代表『社会福祉用語辞典（第4版）』ミネルヴァ書房，2004年。

読者のための推せん図書
乳児院50年史編集委員会編『乳児院50年のあゆみ』全国社会福祉協議会，2000年。
　　――乳児院の創設以来，社会経済の変化とともに乳児院も50年の長きにわたりあゆみ続けてきた。本書は乳児院を知るうえで，また先駆者達の大きな功績やエピソードを知るうえでも貴重な資料である。
庄司順一『保育の周辺』――子どもの発達と心理と環境をめぐる30章――，明石書店，2008年。
　　――著者は乳児院とのつながりも深く，乳幼児の発達と心理の研究者でもある。自ら里親となり子どもの養育も実践している。本書は子どもの発達・心理，家庭的保育，里親制度や乳児院，これからの社会的養護などをコンパクトにまとめている。
浅井春夫・松本伊智朗・湯澤直美編『子どもの貧困』明石書店，2008年。
　　――「子どもの貧困」は現代社会のまさに縮図ではなかろうか，業績主義社会の裏側に派生する様々な貧困や格差問題の広がりが，子どもたちへも押し寄せていることをあらためて認識させられるとともに，今後の政策的な提案も盛り込まれている。

第8章

児童養護施設における援助内容

　施設で暮らしている子どもは，親に何を望んでいるのだろうか。親とのつながりを大切にして家庭に戻りたいのだろうか。それとも家族との生活を過去のものとして，施設から社会へ巣立つことを望むのだろうか。

　子どもは，身近な養育者との愛着関係が形成されることで，自分を大切にする心と他者との基本的な信頼関係を結ぶことができるようになる。そして，それらを基盤として，他者を尊重しつつ自分をコントロール（自律）できるようになれるものである。すなわち，自律の心は，大人と子どもとの信頼関係があり，大きな子どもと小さな子どもが協力し合える関係にある人間関係の中で育つものである。施設養護では，子どものさまざまな欲求を満たし，社会規範をもとに子どもが自分らしさを作りあげていくプロセスが重要になる。

1　児童養護施設の目的と対象

　児童養護施設は，「保護者のない児童（乳児を除く。ただし，安定した生活環境の確保その他の理由により特に必要のある場合には，乳児を含む）虐待されている児童，その他環境上養護を要する児童を入所させて，これを養護し，あわせて退所した者に対する相談その他の自立のための援助を行う」（児童福祉法第41条）と目的を定めている。

　児童養護施設のような居住型の施設は，家から施設に通園するのではなく，年齢，性別，家庭的背景，性格行動，国籍，宗教など生まれ育った環境や価値

観の違う者同士が，親と離れて24時間，家族に代わる施設で生活をすることを特徴としている。子どもは入所の事由の如何にかかわらず，施設のルールに従って多人数で生活をすることになる。したがって，共同の生活の場ではわがままが言えない，夜更かしがしたくてもできない等，すべてにおいて未経験の生活を体験する子どもの疲労は想像以上のものがある。

施設の生活環境

施設に入所してくる子どもは，いろいろな葛藤や悩みを持っている。学校に行けなくても学ぶことが嫌いでない子ども，友だちとの付き合い方が分からなくて困っている子ども，大人との関係がうまくいかず心身に異常が生じている子どもなどである。すべての子どもは問題の解決をしたい，解決しようとする意欲をもっている。

施設の生活環境で求められるのは，子どもが家庭でみせるような表情や動作が出せる雰囲気があり，心が休まり，ホッとできる個人の空間があることや融通性があって，臨機応変に対応できる養護のプログラムの運営が可能になるような環境である。

施設養護の実践

施設養護が対象にしているのは，子どもであり社会的に保護されなければならない存在である。子どもは成長発達過程にあり未熟ゆえに社会に出てからの暮らしを考えて，生活技術（ソーシャルスキル）や基本的生活習慣などが身に付くように日常生活への援助が必要になる。ケアワーク及びケースワークを伴った個別援助，集団援助の活動を中心に，個々のニーズに応じた援助を行うことになる。

その際，必要なことは，子どもの自主性や自発性，判断力を育て，社会生活を主体的に営めるように支援していることを忘れないことである。子どもは何かを与えられることで成長発達するのではなく，他から何かを求められることによって目覚しく成長発達するものであり，大人が正しく公正に評価する態度

があってこそ，さらに学ぶ喜びや生きていく楽しさが生まれてくるとの考えに基づく実践を実行することである。

2 子どもの日常生活

　施設で日々繰り返されている養護活動を日課といい，1日の生活の流れを表にしたものをデイリープログラム「日課表」という（表8-1）。

　本来，日々の日課は，本人が必要に応じて自主的に決めて，自律的に自分の生活を管理できるようになることが理想である。しかし，多くの施設での運営は，日課に基づく生活上のルールや規則が決められている。

　施設で日課を設定するのは，子どもが集団生活によって規則正しい生活のリズムを身に付けることにより健康な生活を保持する。そうして平凡ではあるが，毎日の生活を繰り返すなかで基本的な生活行動の自立を促すためである。

　日課は，年間及び月間の養護プログラムに基づき子どもにとって実行性のあるものになっており，個別指導や集団指導の方法を用いて子どもをしつけていけるようにつくられている。繰り返される日課のなかでの保育士・児童指導員との何気ない触れ合いが，子どもの不安や心の傷を癒し，成長発達していくのである。

　施設の日常生活における食事，排泄，睡眠，洗面，入浴，衣服の着脱などの基本的生活行動は，適切な生活リズムと繰り返される日課のなかで習慣化され自立の基礎になる。毎日繰り返される日課のなかで，保育士・児童指導員との何気ない触れ合いが子どもの不安や心の傷を癒し，子どもは成長発達していくのである。

保育士・児童指導員の業務

　保育士・児童指導員の日常生活面の業務には，起床・睡眠の介助，食事の世話，排泄や入浴の世話，衣類の管理・洗濯・補修，掃除，健康管理，学習指導，余暇指導等がある。

第 8 章　児童養護施設における援助内容

表 8 - 1　ある施設の日課表

時　間		子どもの活動	職員の活動と配慮
6:30	起　床	○起きる ○『おはようございます』の挨拶 ○布団をたたむ ○パジャマから服に着替える ○夜尿児はシャワーでお尻を洗う	○各部屋を回り，起こす ○明るく一人ひとりに声をかけ，挨拶 ○健康チェック（顔色，行動・言動による訴え） 　（身体，パジャマの清潔，機嫌の良し悪しをみる） ○夜尿児の対応
	洗　顔	○顔を洗う	○洗顔のチェック
6:40	分担掃除 部屋掃除	○決められた場所の掃除をする	○分担掃除，部屋掃除の状況のチェック 　（清潔感，自主性，責任感を身に付けさせる）
6:50	配　膳	○配膳当番者は，手洗いの徹底，テーブルの消毒をしてから配膳を始める ○茶碗，湯のみ，箸を間違えないで配膳する	○まじめに役割を果たしている子が損をしないようにする（当番の確認） ○病人の把握，病人食・アレルギー食に注意
7:00	朝　食	○遅れている子どもを呼びに行く ○全員集まれば『いただきます』の挨拶	○全員が揃っているかの確認 ○テーブルマナーの指導
	後片付け	○配膳当番者が行う	○テーブル，床の掃除
	弁当の用意	○中高生は，弁当の用意	○全員が弁当の用意ができたかチェック
	歯磨き	○歯を磨く	○歯磨きのチェック（食後の歯磨きを習慣づける）
7:45	登校準備 登校・登園	○部屋の整頓，登校準備をする ○登校する	○忘れ物のチェック ○欠席，遅刻連絡（遅刻者，欠席者をなくす）
15:00	帰　園 おやつ	○『ただいま』の挨拶 ○うがい，手洗いの習慣 ○行儀よく食べる ○宿題，時間割，登校に必要な準備物の確認	○学校の様子を聞く（子どもの様子を注意深くみる） ○連絡事項，宿題，時間割の点検と確認 ○各自の行動に注意する
	遊　び	○仲良く遊ぶ	○遊びのなかから，思いやり，協調性などを育てる
		○中・高生は，プリントの提出 ○登校に必要な準備物の用意 ○制服着替え・洗濯物の取入れ・弁当箱洗い	○部屋の整頓の指導 ○洗濯物の取入れ及び洗濯指導 ○弁当箱の点検
17:45	配　膳	○みんなで手伝う ○感謝の気持ちを表す	○病人の把握，病人食の配慮 ○クラブの子，帰りの遅い子への適温食など心配りをする
18:00	夕　食	○全員集まれば『いただきます』の挨拶	○全員が揃っているかの確認・テーブルマナー指導 ○適温食を心掛ける・偏食の配慮
	後片付け	○配膳当番者を中心に行う 　手の空いている人は手伝う	○テーブル，床の掃除
19:00	風　呂	○入浴マナー・入浴時間を守る	○入浴マナーを教える ○服の汚れ・洗濯物の出し方のチェック
	中高生 自学自習	○自学自習の習慣を身に付ける ○進路を考える	○学習指導，学習マナー ○他児への思いやりの心を育てる
20:30	幼児・低学年 就　寝	○トイレに行く・歯磨きを済ませる ○リラックスして眠る	○トイレの介助・夜尿マットの準備 ○本の読み聞かせ
21:00	高学年就寝	○トイレに行く・歯磨きを済ませる ○リラックスして眠る	○学校準備品の再確認・部屋の整理整頓 ○歯磨きのチェック ○安心感を与える配慮
22:00	中高生就寝	○部屋に戻り明日に備える・部屋整頓 ○進学者は勉強状態に応じ許可制	○風呂の片づけ，忘れ物のチェック ○夜食などの配慮

（出所）　筆者作成。

子どもが生活をしている場をどのくらい快適に整えるか，身に付けている衣服を清潔に保つかは，子どもの健全な成長発達を図るうえで非常に重要な支援になる。子どものそばに寄り添い生活をともにしている単調に見える業務のなかで，子どものニーズに応じる専門性が発揮できるのである。

施設養護では，日常の生活の場面を通して子どものなかに入っていき，関わりを深め，一人ひとりの子どもが抱える課題を援助している。その中で子どもの受容を図り，その自己実現を支援していくのである。日常の養護では，保育士・児童指導員と子ども個人のレベルでの関わりや援助は比較的できやすい。しかし，施設全体（職員および子ども）としての生活問題の解決への援助の取り組みはできにくいのが課題である。

施設で生活している子どものうち，70％以上の子どもが「虐待」を理由にしている。

3 事　　例

幼少期に虐待を受け施設入所をしたが，親が行方不明になり社会的自立をしたB夫の成長記録である。

入所の経緯

路上で父親がB夫を投げ飛ばしたり，殴ったりしているのを住民が気づき，119番通報し緊急入院する。警察より父親の虐待行為をについて児童相談所に要保護通告がある。一時保護ののち児童養護施設に措置委託される。

父子家庭で，父は酒を飲んではB夫に暴行，たばこを押し付けて火傷させていた。父が作った食事をB夫が食べないので殴っていたことが判明する。虐待行為も常態化していた。

家族の歴史

B夫は，実父と2人暮らしである。虚弱体質で学習の遅れもある，大人しい

小学校1年生の子どもである。
　実父も家庭的に恵まれていなかった。実父の両親は，実父が小学校1年生の時に離婚する。そのため実父は2歳年上の兄と児童養護施設に入所する。中学卒業まで施設で生活し，紡績工場に住み込みで就職をする。その後，日雇い労働，中華料理店の店員，漁師等として働くが職が定まらなかった。
　一方，実母は，実母が2歳の時に両親が離婚する。母が出て行き父と暮らすが，家事労働を担っていたため満足に学校に行かないまま中学校を卒業する。
　中学卒業後，住み込みで紡績工場で就労していたが水商売に入る。酒びたりの日々を過ごすようになり，生活も乱れだし妊娠中絶したことが何回かある。
　実父母の関係は実父が21歳の時，10歳年上の実母とスナックで知り合い同棲する。B夫を出産する直前に入籍する。
　B夫を出産するが，実母の覚醒剤の常用や酒への依存が治らないので離婚する。実父がB夫を引き取り育てていたが養育できず乳児院に預ける。実父は継母（外国籍）と再婚し，B夫を引き取る。実父と継母はB夫のことで喧嘩が絶えず，継母が食事を作らなくなり，その後，家出し行方不明になる。
　その後，父子2人で生活しており，今回の通告に発展する。

職員の連携
　覚悟をしていても施設が決定すると，親子は分離不安や新しい環境への不安，圧迫感，精神的な負い目を感じるなど複雑な心理状態になる。そのため子どもと保護者に対しては施設の説明を十分に行い，安心感を与えることが何よりも大切になる。
　施設のケアワークは，直接，ひと（専門家）が，ひと（子ども）を相手に行う対人援助であり，チームを組んで実践することを特徴としている。
　チームワークは，保育士・児童指導員・家庭支援専門相談員・心理療法担当職員・栄養士・調理員などの職員間で綿密な情報の交換を行いつつ，共通の目標に向かって協力することによって実現するものである。そのためには，職員一人ひとりが施設全体の運営にかかわっているという責任感をもち，常に全体

の状況を見渡す姿勢をもって実践することが大切である。

4 アフターケア

　B夫は，12年間施設で生活して高校を卒業し社会人として巣立った。入所当初は面会に来ていた実父も来なくなった。現在は行方不明である。

　施設では一般の家庭に比べ高校への進学率が低い現状にある。また，中退率が高い現状のなかで，B夫が身体の虚弱体質の改善，学習の遅れの克服など幾多の困難を乗り越えて高校を卒業したことは賞賛に値する。

　就職後，1か月が経ったある日，就職先の人事担当者の訪問を受けた。

　研修期間中に決められた日課が守れなかった。グループによる作業ができなかった。総合評価でB夫の評価が低くなっているなどの話であった。人事担当者に児童養護施設の説明，B夫の生育歴，性格行動を説明するなかで，B夫は個人作業が適しているとの結論が出た。B夫が精神的自立（自己決定力を身に付け，結果に責任を取る），経済的自立（就労態度，職場の人間関係，労働意欲等），生活の自立（日常生活の管理，身辺処理，人間関係の調整等）をするには課題が山積しているが，会社の理解を得ることで生きていく最低条件はクリアできた。個人としての真価はこれから問われることになる。しかし，それをもって私たちの仕事が終了するのだろうか。

　私たちは，子どもたちのライフ・コースに付き合いたいのである。アフターケアに必要な経費や設備環境が不足していることが大きな問題として私たちを悩ましている。

　公的なつながりには制約がある。私的なつながりを持ち得ても個人ができることには限界がある。B夫のライフ・コースを考えると誰が見守ればいいのだろうか。一抹の不安を覚えても否応なしに社会に巣立たせねばならないのが福祉の現実である。

　自立後，日常生活の上で，困ったり，何かがあったりしたときに「いつでも相談においで」と迎えてくれる施設や仲間，援助機関等の情報を知らせておく

ことが大切になる。

参考文献
児童養護研究会編『養護施設と子どもたち』朱鷺書房，1994年。
花村春樹・北川清一編『児童福祉施設と実践方法――養護原理の研究課題――』中央法規出版，1994年。
許斐有『子どもの権利と児童福祉法』信山社，1996年。
厚生省児童家庭局家庭福祉課監修『児童自立ハンドブック』1998年。
野澤正子『児童養護論』ミネルヴァ書房，1998年。
厚生省児童家庭局監修『子どもの虐待の手引き』2001年。
許斐有・望月彰・野田正人・桐野由美子編集『子どもの権利と社会的子育て』信山社，2002年。
入江実『養護原理』さんえい出版，2003年。
北川清一『児童福祉施設と実践方法――養護原理とソーシャルワーク――』中央法規出版，2005年。
財団法人日本児童福祉協会『子ども・家族の相談援助をするために』2005年。
小田兼三・石井勲編『養護原理　第4版』ミネルヴァ書房，2006年。
財団法人日本児童福祉協会『児童保護措置費手帳』2006年。
農野寛治・合田誠編著『養護原理』ミネルヴァ書房，2008年。
野澤正子・森本美絵編著『家族援助論』ミネルヴァ書房，2008年。

読者のための推せん図書
児童養護研究会編『養護施設と子どもたち』朱鷺書房，1994年
　　――親との離別を体験し，必死に自分探しをしている子どもたちに寄り添い，励まし支える施設職員の実践が書かれている。施設職員の子どもを思う熱い気持ちがひしひしと伝わってくる。
大久保真紀（著）／佐藤慈子（写真）『明日がある――児童虐待を受けた子どもたち――』芳賀書房，2002年
大久保真紀（著）／佐藤慈子（写真）『明日がある――児童養護施設の子どもたち――』芳賀書房，2003年
　　――新聞記者である著者が児童養護施設に住み込み実習した体験記である。施設生活を余儀なくされている子どもを理解し，支援の輪を広げたいと願う，著者の施設の子どもへの応援の書である。

第9章

母子生活支援施設における援助内容

　家族の持つ機能が脆弱化した今日，さまざまな要因から，家族関係をうまく維持していくことが困難になってきている。しかし，もちろん多くの人が家族を大切だと考えているのだろうが，多忙で多様な生活に振り回されてしまい，家族が互いに傷つく要因が増えているのかもしれない。母子家庭等のひとり親家庭においては，そのような家族機能が脆弱となる社会的要因が多いようである。「平成15年度全国母子世帯調査」によると，全国の母子世帯は，122万世帯を超えた。そのなかで社会的養護の一つである母子生活支援施設は，唯一の居住型施設として，家族として母子家庭の生活全般を支援するセーフティネットとしてある。
　母子生活支援施設は，児童福祉法第38条に定められた児童福祉施設で，母子がともに生活をし，子どもの養育を中心に母子家庭の自立を支援する施設である。現在施設数は281施設で1万544人（2005〈平成17〉年）の利用者がいる。現在では，施設利用者だけでなく，地域の母子家庭への支援という視点からも期待されている。この章では，母子生活支援施設の歴史，現在の施設が求められているニーズとどのような支援が必要とされているかを論じたい。

1　母子生活支援施設の目的と対象

　母子寮（現・母子生活支援施設）は，歴史的には戦後は死別母子の救貧的な保護対策として主に住居提供機能としての役割を果たしてきた。その後，高度成

長期時代に入り社会が大きく変遷するなか，家族形態は核家族化をたどり生活様式も多様化したことで，施設利用者の大半が死別母子から離別母子へ変わり，入所理由もサラ金からの逃避などによる経済苦，住居なし，夫の暴力からの逃避，障害や病気等を主訴とする複雑な生活課題を抱えた母子世帯の増加へと変化し，また未婚母子世帯も増加した。

1999（平成10）年の児童福祉法改正により，母子寮から母子生活支援施設に名称を変更された。第38条は「配偶者のない女子又はこれに準ずる者，これらの者の自立の促進のためにその生活を支援することを目的とする施設」と改正され，保護することに加えて，自立を支援する施設として大きな転機を迎えた。

2000（平成12）年には「児童虐待の防止等に関する法律」（児童虐待防止法），2001（平成13）年には「配偶者からの暴力の防止及び被害者の保護に関する法律」（DV法）とそれぞれの法律が制定された。以前から対応していた夫の暴力から逃げてきた母親と子どもの問題が，DV（ドメスティックバイオレンス）と呼ばれ，広く社会的に認知された。母子生活支援施設もDV母子世帯を積極的に受け入れるシェルター的機能や危機対応の機能の体制を整えていくことになった。

さらに2004（平成16）年の児童福祉法改正では，「退所した者について相談及びその他の援助を行うことを目的とする」と規定されて退所後のアフターケアが明記され，さらに地域の母子家庭の自立支援の機能も期待され，地域に開かれた施設として機能することが求められている。

母子生活支援施設の役割

母子生活支援施設は，子ども虐待傾向にある母親への援助が，生活の場においてサポートできる重要な場である。この事例は親子を分離せずに支援しているケースであるが，一方，分離された母子の家族の再統合を施設で援助するケースもある。しかし現実的に施設ではネグレクトのケースも多くあり，職員の援助があっても子どもの衣食住の保障ができない場合があり，児童相談所・警察に通報し一時的に母子分離に至る場合もある。

第Ⅱ部　子どもの養護の援助内容

表9-1　母子生活支援施設に求められる機能・役割

Ⅰ. 施設で生活する母子家庭等	Ⅱ. 地域全体（ひとり親支援）
○生活と権利擁護の拠点 (1)　癒しを得ることができる生活環境 (2)　相談 　　日常生活ストレスへの対応 　　生活相談（諸サービスの利用，自立に向けての準備） (3)　生活支援と生活スキルの向上支援 　　生活スキルの修得 　　制度活用のサポート（アドボケート） (4)　子育て支援と子どもへの支援 　　養育技術の習得／しつけ／生活習慣／保育／学習指導／進路相談／被虐待児支援（心理サポート含む）／障害者への支援 (5)　健康維持のための支援 　　治療のサポート／服薬サポート (6)　就労支援 (7)　危機対応 (8)　アフターケア	(1)　地域支援・子育て支援 　　学童保育／ショートスティ／トワイライトスティ／保育機能強化等 (2)　危機対応 　　ひとり親／単身／被害者支援 (3)　相談機能（電話相談含む）

（出所）「母と子の権利擁護と生活の拠点をめざして――全母協特別委員会報告書――」2005年，19頁。

　現在，母子生活支援施設に求められる機能・役割は表9-1の通りである。

2　事　　例

　母子生活支援施設は児童福祉施設であるが，「母親への支援」「子どもの支援」「家族への支援」の3つの視点がある。まず支援を考える時には，「子どもにとってどうなのか・子どもの最善の利益」を考えた視点が必要となる。ここでは事例を通して，子どもの支援が母親の支援，家族の支援につながっていることを紹介する。

　暗い園庭で母親の怒鳴る声が聞こえる。母親はDV被害者であり，また自分自身も被虐待体験をもっている。8歳の女児に自転車の乗り方を教えているが，なかなか乗れない子どもに感情的になり罵声を浴びせる。職員が声をかけ

第 ⑨ 章　母子生活支援施設における援助内容

表9-2　母子生活支援施設における日課表の例

	乳幼児	小・中高生	母　親
朝	・起床 ・保育園登園 ・施設内保育	・起床 ・登校準備 ・登校	・起床 ・出勤
昼	・施設内保育 　　遊び・昼食 　　昼寝など	・下校 ・学童保育 　　学習・習い事 　　遊び・クラブ活動など	・帰宅 ・保育園迎え ・学童保育迎え
夜	・家族の団らん ・夕食 ・入浴 ・就寝 ・門限午後10時		

（出所）　筆者作成。

ると，冷静な声で「自転車の練習をしなさいって言ってもしない。自分も子どもの頃スパルタで指導を受け乗れるようになった」と答える。最後は子どもを残して，母親は部屋に帰ってしまう。子どもは部屋に帰るのを怖がり，しばらく職員が見守るなか，「お母さんに何も言わないで」というメッセージをそのうなずきに込めて伝え，自転車の練習をするのである。数日後，仕事帰りの母親と顔を合わせたときに，頑張って練習している子どもの様子について話しかけると，母親から「大きな声を出して良くないよね」と振り返りの言葉が出た。母親に注意するという形ではなく，日常のなかでの自然な会話から母親自身の「気づき」をサポートするかかわりを築いていくのである。

　このケースの母親自らの被虐待体験が，子どもへの虐待行動を生じさせている。子どもの行動そのものも緊張を高めることで，また虐待行動が生じる悪循環にはまってしまう。子どもは児童指導員との関係で，ありのままの姿を受け止められることの安心感を覚えていき，友達と遊び一緒に行事に参加して，楽しい経験やけんかしても話し合うことを積み重ねていく。そのような環境が子どもを成長させていき，それに伴って母親自身にも，時折自分の言動に振り返りが見られ，日常のなかで職員とコミュニケーションがとれる場面が見られ，

感情的になってしまう自分を反省する変化が見られてくる。母子ともに施設内のカウンセリングは継続して受診しており，母親にとってのカウンセリングの場はアサーション（主張）の表現を学ぶ場となっている。

3　アフターケア

利用者とのパートナーシップ

　2000（平成12）年の社会福祉基礎構造改革は，社会福祉の制度，サービスのあり方を大きく変化させた。福祉サービス提供者と利用者が対等な関係であるという観点から，「自立」に向けた生活支援という機能として位置づけられた母子生活支援施設は，どう「自立」をとらえて利用者を援助していくのか。

　母子家庭等施策において生活保護の母子加算の廃止，児童扶養手当の削減が図られ，一層経済的に困難な生活を強いられている。利用者の自立支援は，働く＝自立とはならずその支援は難しい。入所から退所後のアフターケアまでを包含した支援を，個々の生活史を大事にしながら，「パートナー」として寄り添った自立支援が求められる。

生活と権利擁護の拠点として

　母子生活支援施設は，DV被害や児童虐待の対応として単なるシェルター（避難所）や保護的役割としてだけでなく，傷ついた心身を癒し再チャレンジの支援ができる社会資源として重要視されている。DV等女性への人権侵害の実態が顕在化されたことで，利用者の「母親」というジェンダーバイアスのフィルターを超えて，「女性」という視点からの支援も展望されている。

　このような中，施設は多機能化と多様化を求められ，従来の機能に加えて「保育機能強化事業」「小規模分園型母子生活支援施設（サテライト）」「ショートスティ・トワイライトスティ事業」と地域社会全体を視野に入れた事業も展開されつつある。しかし施設によっては，建物設備の老朽化が進んでいる施設も多くあり，母子家庭の自立のための拠点をめざすためにも，ハード面の設備

第 ⑨ 章　母子生活支援施設における援助内容

改善が重要な課題である。そして支援者として職員の高い倫理感，人材育成の課題もある。それは母子生活支援施設が利用者の「生活と権利擁護の拠点」として，母子生活支援施設で提供される支援そのもののさらなる専門性が期待されていることによる。全国母子生活支援施設協議会では協議会設立50周年を迎え，2007（平成19）年度に「母子生活支援施設倫理綱領」を策定し，権利擁護の拠点として母子生活支援施設とその職員が，利用者支援と地域のひとり親家庭支援の充実を図る事業を推進する基本理念と行動方針を示した。

参考文献
全国母子生活支援施設協議会『全母協通信　第113～121号』，2005～2007年。
厚生労働省大臣官房統計情報部『平成18年国民生活基礎調査』，2006年。
全国母子生活支援施設協議会『母と子の権利擁護と生活の拠点をめざして』，2006年。
全国母子生活支援施設協議会『平成18年度全国母子生活支援施設実態調査』，2007年。

読者のための推せん図書
松原康雄『母子生活支援施設――ファミリーサポートの拠点――』エイデル出版，1999年。
　　――母子生活支援施設が，児童福祉施設としてユニークな機能をもち，ファミリーサポートの拠点としての役割を果たしている現状をまとめてある。利用者のアンケートと調査は，今後の母子生活支援施設のあり方について検討されている。
全国母子生活支援施設協議会『母と子の権利擁護と生活の拠点をめざして』2005年。
　　――母子生活支援施設をとりまく環境の「多機能化」と利用者のニーズが多様化している背景を踏まえて，母子生活支援施設職員には，どのような支援が必要であるか，利用者をどのようにとらえるかが分かりやすく整理されている。
坂本信子監修，近藤政晴・坂本卓穂・田口信一・藤井常文編『母と子のきずなパートⅡ』三学出版，2007年。
　　――母子生活支援施設の利用者の姿を入所から退所に至るプロセスを追いながら提示している。また関係機関とのネットワーク，連携の実情が分かりやすく書かれている。

第10章

情緒障害児短期治療施設における援助内容

　1961（昭和36）年，非行防止対策として概ね12歳未満の主として親子関係の障害による軽度の情緒障害児の治療施設として誕生した「情緒障害児短期治療施設」（以下，情短施設）は，その後，不登校対策として機能し，今日では対象とする年齢も18歳まで拡大されると同時に，深刻な社会問題として取り上げられている被虐待児や発達障害児の治療施設として社会から期待され，その役割を果たしている。

　本章では，情短施設における援助内容を中心として，施設の目的や対象，今後の課題等を理解することを目的とする。

1 情緒障害児短期治療施設の目的と対象

　情短施設は，「軽度の情緒障害を有する児童を，短期間，入所させ，又は保護者の下から通わせて，その情緒障害を治し，あわせて退所した者について相談その他の援助を行うことを目的とする」（児童福祉法第43条の5）と定義されている。情短施設は歴史的経過の中で，これまで家庭，学校，近隣での人間関係の歪みによって感情生活に支障をきたし，社会的適応が困難になった子どもを中心に，メンタルな面での治療援助を展開してきたが，今日，軽度の発達障害を有する子ども等，環境的な要因だけでなく器質的な要因による子どもも対象としている。情短施設は2008（平成20）年3月末現在，全国に31か所あり，国の施策により今後も増加していく施設である。

情短施設の職員は，児童福祉施設最低基準によって定められている。施設長，事務員のほか，子どもの生活面を担当する保育士・児童指導員，心理治療を行う心理職員，精神科医（小児科医），看護師，栄養士，調理員が配置されている。また，多くの情短施設には敷地内に学校（地元校の分校，分教室）が併設されている。いわば情短施設とは，福祉，心理，精神医療，教育が一堂に集合した施設であり，治療援助の取り組みは，それらが一体となった「総合環境療法」として位置づけられているのが特徴である。

表10-1 ある情短施設入所児童の入所理由 （重複カウント）

入所理由	割合（％）
被虐待	82
不登校	40
軽度非行	20
家庭内暴力	11
発達障がい	18

情短施設の対象児は，表10-1に示すように，今日では被虐待児の入所が顕著で，また，不登校やいじめ，非行傾向といった非社会的課題や反社会的な行動傾向を抱えた子どもたちである。さらに軽度の発達障害児の入所も増加してきている。

2　子どもの日常生活

情短施設において日常生活の位置づけは非常に重要である。それは生活を通して展開される職員との，あるいは他の子どもたちとの関係を通しての人間関係の挽回を意味するからである。

生活は，図10-1（次頁）に示されているような日課（デイリープログラム）に基づいて展開される。情短施設での日課の確立は，規則正しい生活を送るという「枠組み」と次に何が起こるのかという「不安感の解消」といった意味で重要である。

入所する子どもたちには日課と集団生活上の約束事を説明したうえで，入所後1～3週間ぐらいの期間，個別プログラムに入る。これから始まる施設生活について日課や約束事がどの程度守れるかといったことを見るため，「日課振り返り表」（表10-2，次頁）に沿って観察寮で生活を送る。

第Ⅱ部 子どもの養護の援助内容

図10-1 デイリープログラム・年間行事

```
デイリー プログラム
あさ  7:00   起床
      7:30   朝食
      8:00   登校準備
      8:30   登校
      9:00   授業
      必要に応じて セラピー
ひる  12:00  昼食
      1:00   授業
      必要に応じて セラピー
      3:30   下校
      4:00   宿題、自主学習
      4:30   自由時間
      5:30   清掃
よる  6:00   夕食
      6:30   入浴
      7:00   おやつ
      7:30   入浴、自由時間
      9:00   小学生 消灯
      10:00  中学生 消灯
```

(出所) B情短施設。

表10-2 日課振り返り表「○○君　今日のふりかえり」

	月	(月)	(火)	(水)	(木)	(金)	(土)	(日)
ぼうりょくはしなかったかな？								
わるぐちをいわなかった？								
ちょっかいをかけなかった？								
スタッフのちゅういを1回で聞けた？								
きのうの夜、しずかにねましたか？								
スタッフにほめてもらえたことはありますか？								
楽しかったことや嬉しかったことはありますか？								
今日の点数は？（○－×＝？）								

(出所) B情短施設。

第10章 情緒障害児短期治療施設における援助内容

　1人の子どもには通常，子どもの生活担当，親担当，セラピー担当の3名が子どもや親に関しての情報を共有しながら，チームとしてかかわっていくことも情短施設のケアの特徴である。

　生活に慣れてくるとセラピー（心理治療）が実施される。多くの場合，週1回50分の時間で実施されている。方法については，子どもの年齢や発達の程度などに応じて，面談（カウンセリング），遊戯療法（プレイセラピー），箱庭療法などが用いられる。個別の心理治療が中心になるが，子どもの特性や状態に応じて集団（グループ）を対象に心理治療を行うこともある。

　学校教育は，敷地内の学校（地元校の分教室が多い）が用意されている。施設と学校とは連絡を密にして，子どもや家族に関しての日々の情報を共有している。子どもたちは基本的に敷地内の学校に通学するが，子どもの状況や意向に応じて地元の学校に通う機会も与えられる。この場合，子どもや保護者の意向と施設，教育委員会，学校関係者，措置機関（児童相談所）との協議で慎重に進められる。

　情短施設の生活において大切なことの一つは，子どものグルーピングである。対人関係につまずいてきた子どもたちが集団生活を送るということ自体を，施設は大きく取り上げる。居室構成，食堂での位置など子どもの特性や状態を考えながらグループを決めていく。ADHD児のような視覚刺激に敏感な子どもには，刺激の少ない位置を用意するなどそれなりの工夫をこらす。

　また，多くの子どもたちは感情のセルフコントロールが自分ではうまくいかず，それが行動となって他の子どもや職員との間でトラブルが発生する。そのため情短施設ではリミット・セッティング（行動制限）を中心としたプログラムが準備されている。

　その代表的なものは「タイムアウト」である。感情の高ぶりなどでどうしても自分の力で自分自身がコントロールできず，あるいはパニック症状に陥った子どもには，この「タイムアウト」を行う。これは，安静室（タイムアウトルーム）と呼ばれる空間で，一時的にひとりで感情を沈め，行動を振り返らせる方法である。

いずれにしても情短施設での援助は，子どもの特性や状態に応じて，子どもに分かりやすい形で伝えることが基本になる。

3 事　例

入所理由

母親からの身体的・心理的虐待によって不登校になった小学3年生のC男が情短施設に入所してきた。これまでの経過のなかでコンビニでの万引きもあり，警察に保護されたこともある。親から注意や叱責があると，家を飛び出し帰らない。登校時に顔や身体にひどいあざがあったため，学校から児童相談所に通告があり一時保護された後，施設に入所した。

施設での観察では，長期にわたって虐待を受けてきた影響か，無差別的愛着（初対面の大人にべったり甘える）や叱られた後の乖離状態（心ここにあらず）といった様子が見られた。同年齢の子どもとのかかわりが難しく，また自分より年下の子どもには支配的にかかわることから，施設では特定の大人（担当職員）との人間関係づくりをしたうえで，少しずつ子ども集団に溶け込ませていくという方針を立てた。また，これまでの生活が不規則であったため，まずは安定した環境（食事・登校・入浴・就寝などの規則的な日課）にC男がなじみ，安心して過ごせるようになることを目標とした。

家族とのかかわりについては，C男自身に今回の施設入所を家族から切り離された経験と感じずに，自分と家族がうまくやっていくためにどうすればいいのかを考える機会としてとらえてもらうために，定期的，継続的なかかわりが必要と考えた。

入所後の様子

入所後，他の子どもとうまくかかわれず，トラブルが続いた。自分より力の弱い年少児を暴力で従わせ，施設のルールや日課を破ろうとしたり，逆に力の強い年長児に従わされ，他の子どもや職員とのトラブルを繰り返すこともあっ

第10章 情緒障害児短期治療施設における援助内容

た。C男にとっては，誰に従えば痛い目にあわずにすむのかが重要であり，対等な友達関係を築くことは難しいようであった。

機嫌の良い時は男性職員にべったりと甘えてくることも見受けられたが，甘えてきながらプロレスの技をしつこくかけてくるようになった。職員とどちらが強いか駆け引きをしているようであった。そのようなかかわりは職員にとって不快であるということを伝え，他のかかわりの手段として，C男の得意な遊び（トランプやオセロ）を提示した。こうしたことを何度も繰り返すうちにC男は少しずつ相手の受け入れやすいかかわりができるようになった。

また，職員がどうしても厳しく注意をしないといけない場面（他児との喧嘩や職員への挑発，ルール破りなど）では，C男は表情が固くなり，眼はうつろで話を聞いていない状態になってしまうことがよく見られた。タイムアウトの部屋に移動させようとすると，職員に噛みついたり，奇声を上げて威嚇したりした。タイムアウトの部屋では落ち着くまで時間がかかったが，それでも徐々に話ができるようになるまでの時間は短くなっていった。施設生活のなかで何とか自分の居場所をつくろうとしているC男に，職員はC男を含めた数人の子どもたちに適切な友達関係をつくるよう促がした。また，C男の気持ちのなかで対立しがちであった大人との関係についても，一緒に楽しめる行事を企画したり，個別に遊ぶ機会を意図的に設けて信頼関係を再構築できるように努力した。

援助の結果

その結果，施設内のいじめや支配的な仲間関係は減り，C男の問題行動も減ってきた。誰からもいじめられなくなり，自分の身の安全が感じられるようになると，表情も穏やかになってきた。月1回の帰宅時にも，家族から叱られることがあっても家を飛び出したりすることはなくなった。

この間，セラピスト（心理療法士）との週1回のセラピーが実施されたが，まずはC男が安全で安心を感じられることを基本に，自分の過去の体験のとらえなおしを目標に展開した。これらの作業はC男にとって大切な体験となり，心身ともに大きく成長していったのである。

第Ⅱ部　子どもの養護の援助内容

4　アフターケア

　情短施設におけるアフターケアは，入所と通所の機能を有している施設では退所後，必要なケースについては通所に切り替えてフォローアップしている。しかし，入所型のみを運営している施設にとっては，取り組みはまだ消極的であり，今後の大きな課題の一つとして残されている。

　しかし，2004（平成16）年度より情短施設に「家庭支援専門相談員」が制度化され，情短施設の定義に「……あわせて退所した者について相談その他の援助を行うことを目的とする」と明記された以上，今後，家庭支援専門相談員を中心としたアウトリーチ型の積極的な取り組みが望まれる。

　これまで情短施設は，心の治療を中心とした，どちらかというと心理的援助に重点が置かれてきたが，虐待を受けた子どもの家庭復帰，社会復帰を考えるとき，ソーシャル・ワーク機能をますます充実，発展させていかなければならない。

参考文献
新・保育士養成講座編集委員会編『養護原理』全国社会福祉協議会，2002年。
望月彰編著『子どもの社会的養護——出会いと希望のかけはし——』建帛社，2006年。
全国情緒障害児短期治療施設協議会『子どもの未来をはぐくむために』全国情緒障害児短期治療施設協議会，2007年。
農野寛治・合田誠編著『養護原理』ミネルヴァ書房，2008年。

読者のための推せん図書
全国情緒障害児短期治療施設協議会編「心をはぐくむⅢ」2002年。
　　——情短施設で対応したケースを用いて被虐待児，引きこもり児，不登校児，発達障害児，非行児などへの関わり方を具体的に述べられている。
望月　彰編著「子どもの社会的養護——出会いと希望のかけはし——」建帛社，2006年。
　　——情緒障害児の概念や施設の概況などが詳しく述べられている。特に，情緒障害児の自立支援のあり方について生活訓練，生活の中での治療的関わり，心理治療とに分けて分かりやすく説明している。

第11章

児童自立支援施設における援助内容

　児童自立支援施設を利用する子どもの大半は，繰り返し問題行動を起こし，結果，家庭・学校・地域から離れざるを得なくなったものだが，彼らの背景には，非行行為などの問題行動の陰に隠れて，心の傷を抱えていたり，幼少時から不安定な生活を強いられていたり，学力遅滞や大人に対する不信感等，心身両面に複雑な課題を抱えているという問題がある。

　児童の入所型施設はいずれもそうであろうが，子どもが心身とも安定した状態で入所してくることはまずありえない。特に児童自立支援施設においては，前述の如く思春期に受け止めるには重すぎる課題を背負って入所してくる。彼らに対し施設は，子どもたち自身が施設生活を通して個々のマイナス要因を克服して成長し，家庭・学校・地域という社会に戻っていけるようにサポートする。

　この章ではそういった子どもたちの背景を理解することに視点を置いてもらいたい。

1　児童自立支援施設の目的と対象

　児童自立支援施設とは，「不良行為をなし，又はなすおそれのある児童及び家庭環境その他の環境上の理由により生活指導等を要する児童を入所させ，又は保護者の下から通わせて，個々の児童の状況に応じて必要な指導を行い，その自立を支援し，あわせて退所した者について相談その他の援助を行うことを

目的とする施設とする」(児童福祉法第44条) と規定され，児童福祉法第35条第2項・児童福祉法施行令第36条第1項により，都道府県及び政令指定都市に設置義務の課せられた施設で，現在全国に58か所ある (国立2・公立50・指定都市立4・民間2)。

典型的な事例から見る児童自立支援施設の役割

両親ともに20歳の時にD男が生まれた。しかし，3歳の時に両親は離婚。親権者は母で，生活保護を受けながらの母子所帯となった。

2年後に母は再婚，翌年，異父妹が生まれD男にとって両親から愛情を受ける環境ではなくなった。

児童自立支援施設に入所する子どもによく見かけられる生育史である。3歳で父母離婚。しかし，今朝まで仲のよかった父母が，今夕に突然別れることはない。これを子どもの視点から見ると，半年，1年，あるいはそれ以上前から両親の不和は続いていたと推測される。

子どもの健全育成に必要とされる要素に，①安全・安心できる場，②心身ともに健全な大人の寄り添い，が挙げられるが，この子に誕生後そのような条件が備わっていたであろうか。夫婦の衝突で情緒的に不安定な状態のまま，母は本人に接し，時に手を上げていたかもしれない。これまでに母の情緒的に安定した養育機会はどれぐらいあったであろうか。

児童自立支援施設は，このような生育史をもち，年齢とともに非行に走った本人を，加害者であるとともに被害者としてとらえ，成長の途上で家庭生活を通して当然保障されるべき体験ができなかった部分の追体験を確保し，また，愛情をはじめ大人から与えられなかった部分を親に代わって，職員が与え直しをするところでもある。

第11章　児童自立支援施設における援助内容

2　子どもの日常生活

児童自立支援施設の形態

　児童自立支援施設は，刑務所や少年院等の矯正施設と違って，塀や鍵で子どもを閉じ込めて指導するのでなく，保育所をはじめ他の児童福祉施設と同様な開放施設である。

　施設は，創設時より生活指導，学習指導，作業指導を指導の三本柱に掲げ，職員は子どもと寝食をともにしながら彼らの自立支援に取り組んでいる。

　子どもたちは，寮舎といわれる建物に居住し，集団生活をしている。寮舎での集団生活を通して基本的生活習慣を身に付け，情緒の安定を図り，対人関係のスキル等社会性の獲得をめざしている。また職員は，子どもにとって生活空間である寮舎が安心できる安全な場として維持できるように日々細心の注意・配慮をしている。

　必要に応じて個々人への生活場面面接や日々の日記指導という個別のフォローも加味されて，子どもたちに協調性や責任感・連帯感等の社会性が無理なく身に付くようにプログラムされている。しかし，入所してすぐそのプログラムが効果を発揮するのではない。職員は子どもと出会い，まさに誕生から親がわが子に世話してきた道筋をたどり成長を見守る。

　この指導体制は従来そのほとんどの施設がその寮に夫婦職員が住み込んでまさしく起居をともにする小舎夫婦制という方式をとっていたが時代の変化とともに減少し，平成18年度の調査では58施設中22施設での実施になっている。

援助方針

　生活指導が効果的に体得されるための素地として，施設は3つの制限を設ける。言い方を変えれば，3つの枠を課し，彼らを安全地帯に導き，健全育成活動をする。

　第1は，時間である。昼夜逆転した生活をしているものが多数の彼らに，規

第Ⅱ部 子どもの養護の援助内容

表11-1 基本的生活日課

時刻	内容
6:30	起床・洗面・清掃・朝食
8:30	朝礼・授業
12:30	帰寮・昼食
13:45	授業・作業・クラブ
16:45	清掃・余暇活動
18:00	夕食・入浴・自習
21:00	就寝準備

(出所) 筆者作成。

則正しい日課という生活リズムに身を置かせることは大切なことである。昼間活動し，夜静かに休むという生活を通して，将来の健康展望をもつに至る。大人による時間のコントロールは，赤ん坊に定時にミルクを与える母親の健康管理に準じている。

第2は，行動範囲である。心身の未熟な彼らが社会の強い刺激の流されることのないように，安全な活動空間を決めている。よちよち歩きの赤ん坊が玄関から落ちないように柵を作ったり，ストーブに手を触れないようにと，わが子のため安全地帯を作る父親の心情を加味している。

第3は，持ち物・衣服等の制限である。赤ん坊に先のとがったものや口より小さいおもちゃを与えないように，服装や髪，装飾品等年齢相応の態様を課することにより，社会枠の言動・思考につなげようとしている。

この3つのコントロールは，家庭の親が子へ，学校での教師から生徒への攻防でもある。このバランスがとれて初めて，子どもの援助につながる。

学習指導

学校（義務）教育は児童養護施設等のように，施設外の地域小・中学校に通学するのではなく，教育設備は施設内に設置され，そこで学習を受ける。

児童自立支援施設の学習指導は，1998（平成10）年の児童福祉法の改正により，それまでの「準ずる教育」から「学校教育法による学校教育の実施」（児童福祉法第48条）へ義務づけられた。このことにより児童自立支援施設は，施設内に「分校制」または「分教室制」を取り入れてきた（平成19年度学校教育未実施施設あり）。

施設内での学習指導の具体的な展開は，1クラス少人数で，子どもたちの習熟度に配慮した学級編成をとっている。子どもたちには，分かるところから学習を始め，「やればできる」という自信をもたせることを第一目的にしている。

自信をもつことが学習意欲を喚起し，進学という進路の選択にもつながっている。授業には，施設によって違いがあるが，教員・施設職員・学習支援員（非常勤）等があたり，教科書に加えて個々人の学力習熟度にあわせた教材を手作りしている。教室で学んだ知識と生活での体験が，一体化した自立力の涵養(かんよう)を工夫している。

また児童自立支援施設は，課外活動として，全員参加のクラブ活動を取り入れている。彼らはこれまでは，自己に都合のよいように有利なルールをその場その場で相手に強要してきた。その彼らに，野球・バレーボール・駅伝等のスポーツ活動を通して，「社会の規則」や「施設生活のきまり」より厳しいルールの下で勝敗を競い，特にチームの一員としての動きが要求される競技を通して協調性，責任感を身に付けていく。その結果は児童自立支援施設協議会主催の地区大会・全国大会につながっていく。

児童自立支援施設では，スポーツだけでなく文化活動にも力を注いでいる。絵画・手芸・陶芸・木工・音楽・観劇等，日課活動時や余暇を利用して製作や鑑賞活動をし，その数々の製作作品は，保護者はじめ関係諸機関の参加の下で開催される文化祭で発表している。

作業活動

児童自立支援施設は，その創設期より「働く教育」として自然の力を活用した作業活動に大きな割合を割いてきた。今日にもその精神は受け継がれ，いわゆる作業指導として，施設生活のなかの一部を占めている。今日，全国の児童自立支援施設に共通する作業活動は，以下の2つを中心に行われている。
- 自分たちの口に入るものを自分たちの手で作る楽しみを味わう。
- 除草，清掃，園芸等，自分たちの生活環境を自分たちできれいにする。

子どもたちは，時に炎天下で，時に寒風吹きすさむ冬日に，これらの作業を通して自然の厳しさと接し，我慢強さを身に付け，自然がもたらしてくれる収穫の喜びを通して，情緒の安定や寮生が協力して働く協働の精神を身に付けていく。また，数ケ月後の収穫体験を通して，これまでの短絡的行動・思考から

時間展望をもった言動に好転していく。

3 事 例

　E夫が小学校6年生の時、父が失職しそれを機会に両親のいさかいが増えていった。今まで学校でも家庭でも問題行動のなかったE夫が深夜徘徊を皮切りに学校でも暴力事件を起こし、家庭でも母に手を上げ始めるようになるまでにわずか半年の時間しか要しなかった。

　父もE夫の母への暴力に体罰で対応し、罵り合いの末、E夫が家出するという悪循環が繰り返されていた。E夫が学園の門をくぐったのは紅葉が鮮やかな中学校2年生の秋のことであった。

　初夏のある日曜日、E夫は起床時から外を何度も何度も気にしている。家庭内暴力が主訴で入所してこの半年間、定期的な保護者の面会にも、「お前」「あんた」といって父母に悪態をついてきた。そのE夫が今日は面会を気にしている。実は、E夫は職員の指導の下、4月の初めにスイカの苗を植えつけた。E夫はスイカの苗の水やり・除草に毎日自由時間を割いて、時に虫と闘い手足を土まみれにして世話をしてきた。

　最初、苦痛のみであったこの作業も1か月、2か月と経つにつれて、葉が出て、花が咲き、小さな実をつけ、その実が日ごとに大きくなってくるのを目のあたりにしてきた。E夫にとっては初めての体験だった。しかも、他児童のどれよりも大きく育っている。

　スイカの実が大きくなるのと比例して、E夫の両親へのとげとげしさがなくなっていった。「育てる」ことの大変さをスイカから学び、自身をスイカに置き換えて両親への恨みが感謝に変わっていったのではないかと思っている。

　作業指導は多くの児童自立支援施設で取り組まれており、特に農作業は期間的にも成果が目に見えるという点でも児童が取り組みやすい課題である。この手法は「流汗悟道」と呼ばれ各施設で工夫されてさまざまな取り組みが行われている。北海道・家庭学校の前校長・谷昌恒はその著『教育力の原点』で「人

第 11 章　児童自立支援施設における援助内容

間は額に汗し，みずからの手足を労して，はじめて精神的に大きく成長する。深く会得するところがある。黙々とひとりで流す汗も，親と子，教師と生徒，子どもと子ども，みんなでいっしょに流す汗もこの上なく貴重である。深い共感が人と人を結び，人間を変える」手法であると記している。

　この日の面会をきっかけにE夫は大きく変わり，高校進学を視野に入れた進路希望を両親にも寮長にも自ら伝え，日課以外にもすすんで学習への取り組みを強めていった。

4　アフターケア

　入所児童の大半は義務教育児童・生徒である。非行性が除去されても，要保護要因が残存する場合が多く，退所は中学卒業時期に集中することが多い。これは，義務教育を終了すれば住み込み就労や全寮制高校への進学の選択肢もあり，必ずしも保護者頼みに限定されることがなくなるからである。また，義務教育終了後も引き続き在籍して，施設から通勤・通学したり施設内での就労実習支援を受けている子どもも年々増えている。

　彼らのために年長児寮を設けて，社会に出る前の中間的機能を付加している施設もある。また，社会に巣立った子どもにも，職員が職場訪問や学校訪問，家庭訪問を通して，彼らが社会にスムーズに適応できるようにアフターケア体制を組んで援助している。

第Ⅱ部　子どもの養護の援助内容

読者のための推せん図書

全国児童自立支援施設協議会編『児童自立支援施設運営ハンドブック』三学出版，1999年。
　──児童自立支援施設の歴史から理念，システム，設備等を網羅してある。

全国児童自立支援施設協議会編『ふれあい物語』①〜⑮，三学出版，1986〜2000年。
　──ふれあい物語はケーススタディ誌で多くの事例から生きた指導法を学ぶことができる。

橋本和彦『虐待と非行臨床』創元社，2004年。
　──家裁調査官である著者が多くの事例から虐待と非行との関連を科学的に解説したもので，非行を表面的に見て処するのではなく，その根本からの理解と対応をわかりやすくまとめてある。

第12章

知的障害児施設における援助内容

　近年，障害児（者）をめぐる制度・政策はめまぐるしく変化している。2006（平成18）年10月からの障害者自立支援法の本格施行に伴い，知的障害児施設の利用形態も，従来の措置制度から契約制度へと移行された。
　本章では，こうした状況をふまえ，知的障害児施設における養護実践について述べる。まずは，施設の概要を把握したうえで，子どもの日常生活（日課），実践内容（事例），アフターケアに関して学習する。これにより，知的障害児施設の養護やそこにかかわる職員（社会福祉専門職）としての留意点を考え，さらには，知的障害への関心・理解を深める一助にしていただきたい。

1　知的障害児施設の目的と対象

　知的障害児施設は，「知的障害のある児童を入所させて，これを保護し，又は治療するとともに，独立自活に必要な知識技能を与えることを目的とする」（児童福祉法第42条）と規定された児童福祉施設である。利用対象は，知的障害のために入所による集中訓練が必要な児童，また，家庭に問題があり保護者に養育を任せることが不適当な場合など，何らかの理由で保護者からの養育が受けられない知的障害のある児童である。
　なお，利用対象年齢は満18歳まで（必要に応じて満20歳まで）である。しかし，障害が重度の場合は満20歳を過ぎても引き続き入所できることや，成人対象の知的障害者施設の受け入れが困難などの理由により，多くの知的障害児施設で

18歳を超えた加齢児の在籍率が高くなっているのが現状である。

2　子どもの日常生活

　知的障害は，その原因がさまざまであり，個人によって程度の違いも大きく，明確に定義することが難しい。ただ，その障害が学習，身辺自立，言語，情緒，対人関係などあらゆる面に影響し，日常生活を送るうえで社会的不適応を招き，社会的自立を妨げる要因となっている場合が多いことは事実である。そこで，知的障害児施設においてはこのような知的障害のある子どもを入所させ，年齢，障害の程度，能力などに応じた生活指導，学習指導，職業訓練などが実施されている。それらを中心としたプログラムが組まれ，身辺自立，社会的自立が可能となるようグループ別の指導に加え，個別支援が行われている。

　知的障害児施設には，生活リズムが不規則なまま入所してくる子どもも少なくない。そのため食事，排泄，睡眠など，日常生活における基本的生活習慣を身に付けて規則正しい生活を送るための生活指導が行われている。また，学齢期の子どもたちは，施設に併設のあるいは近隣の特別支援学校や特別支援学級に通学して学校教育を受けている。学校を卒業した加齢児については，木工，織物などの作業活動が実施されている。これは個々の状況に応じて，主たる目的を日中活動の充実に置いたり，職業訓練に置いたりして行われている。

　そのほか，夏祭り，キャンプ，誕生日会など，多くの行事がある。これは生活指導や作業活動が中心の日々の生活に，行事という「楽しみ」が加わることにより，子どもたちの生活リズムの向上につながる，生活経験が広がるといった効果がある（日課表の例は表12-1参照）。

3　事　例

基本的生活習慣の獲得に向けた支援

　F子（8歳）は知的障害があり（IQ 35），施設に入るまで食事，排泄，衣服

第12章　知的障害児施設における援助内容

表12-1　知的障害児施設における日課表の例

時　間	子どもの生活日課
6：30	起床・洗面・清掃
7：30	朝礼・ラジオ体操
8：00	朝食・登校（学齢児）
9：00	生活訓練・自由時間（幼児）　作業活動・自由時間（加齢児）
12：00	昼食・休憩
13：00	生活訓練・おやつ・自由時間（幼児） 作業活動・自由時間（加齢児）
15：00	帰園・おやつ・自由時間（学齢児）
16：00	入浴・自由時間
18：00	夕食
19：00	余暇活動
20：00	就寝準備・消灯（幼児）
21：00	消灯（学齢児・加齢児）

＊そのほかの行事として，スポーツレクリエーション，夏祭り，キャンプ，遠足，誕生日会，クリスマス会などがある。
（出所）　内山元夫・岡本幹彦・神戸賢次編『改訂 福祉施設実習ハンドブック』みらい，2007年，87頁を基に筆者作成。

の着脱など，身の回りのことがほとんどできず介助が必要な状況であった。また，昼夜逆転傾向があり，夜になると大声をあげて家中を走り回ったり，外に飛び出そうとしたりすることも頻繁にあった。

　施設へ入所後も状態にあまり変化が見られなかったため，施設側の支援の方針として，まずは生活リズムの確立，さらには，食事の仕方や衣服の着脱方法といった身辺処理技能などの獲得に向けた支援を行うことが決定された。

　食事の場面では，食べ物を散らかしたり，頻繁に立ち歩いたりすることがあったが，そういった問題のみに目を向けるのではなく，本人のペースで楽しんで食事ができるよう支援を進めた。当初は，「いやだ」と反発したり，職員に甘えてきたりといった行動が見られた。しかし支援者が，本人ができたことに対し些細なことでもほめるようにし，一緒に喜び，時には本人の好きな歌を歌うなどの方法で意欲を引き出すように心がけた。また，定刻に起床・洗面・

排便を行い，朝食を済ませてから特別支援学校に登校することを習慣づけていった。

その結果，徐々にではあるが「自分のことは自分で取り組む」意欲が感じられ始め，行動にも変化が見られるようになった。同時に，朝から学校へ通い昼間に活動することで，規則正しい生活リズムが生まれ，夜間に眠ることができるようになってきた。最近では，施設内で大声をあげる，走り回るといった行動も減少してきている。

社会福祉専門職としての視点

知的障害児にとって，生活リズムの確立，身辺処理技能の獲得は，社会生活を送るうえで必要不可欠である。そして，周りの支援がなくても自分で行えるとの自信につながることから，大きな意味をもっている。ただし，身辺処理技能は簡単に身に付くものではなく，子どもの個々の能力や障害の程度などによっても異なるため，それらに応じた課題・支援計画を設定していくことが求められる。本事例のように，毎日の繰り返しのなかで習慣化していくようにうながし，持続的に行うことが重要である。この際，支援者が一方的に働きかけるのではなく，「子どものできるところ」をほめ，いかに伸ばしていけるかを考慮していくことが必要である。

4 アフターケア

知的障害児施設退所後の進路として，成人対象の居住型の知的障害者施設へ移行する方法のみならず，地域内にアパートを借り，授産施設もしくは作業所に通いながらひとり暮らしを始める例も見られる。この場合，障害者自身が安心して施設生活から地域生活へと移行するためには，退所に向けての支援（リービングケア）も含めて重要となり，退所後も施設の職員，地域生活支援のコーディネーターをはじめとした多くの社会資源の活用を必要とする。

障害者自立支援法が施行され，障害児（者）福祉も大きな変革の時を迎えて

いる現在，社会福祉専門職としては，障害者本人がスムーズに地域での生活を送ることができるよう，いかに適切な情報を提供し社会資源と結びつけていけるかといった視点がより重要となってくる。そして，本当の意味での「自立」について考え，支援を継続していくことが必要である。

参考文献
鈴木政次郎編著『現代児童養護の理論と実践──新しい福祉ニーズに対応する児童養護の展開──』川島書店，1999年。
鈴木力編著『児童養護実践の新たな地平』川島書店，2003年。
吉澤英子・小舘静枝編『養護原理』（第3版）ミネルヴァ書房，2006年。
相澤譲治・橋本好市編『障害者福祉論』みらい，2007年。
内山元夫・岡本幹彦・神戸賢次編『改訂 福祉施設実習ハンドブック』みらい，2007年。
小田兼三・石井勲編著『養護内容の理論と実際』ミネルヴァ書房，2007年。
米山岳廣・田中利則編著『養護内容の基礎と実際』文化書房博文社，2007年。

読者のための推せん図書
湯汲英史編著『理解と適切な関わりを求めて──発達障害を持つ子への保育・子育て支援──』明治図書，2006年。
　──知的障害児施設をはじめとした児童福祉施設，幼稚園等に勤務する指導者向けに，発達障害をもつ子や気になる子どもについての特徴・かかわる上でのポイントが説明されている。
有馬正高監修『知的障害のことがよくわかる本』講談社，2007年。
　──知的障害とはどういった障害か，また知的障害者・児への接し方，社会制度等についてイラストを交えて説明されている。初めて知的障害のことを学ぶ者にも親しみやすい内容・構成となっている。
日本知的障害者福祉協会編集出版企画委員会編『知的障害者施設の現状と展望──現場からの提言──』中央法規出版，2007年。
　──障害者自立支援法施行に伴う知的障害者・児福祉における問題点，それに向けた提言や将来への展望等について，現場からの視点で述べられている。

第13章

肢体不自由児施設における援助内容

　2006 (平成18) 年10月から障害者自立支援法が本格的に施行された。それに伴い，肢体不自由児施設の利用形態も，従来の措置制度から契約制度へと移行されるなど，近年の障害児 (者) をめぐる制度・政策の変化にはめまぐるしいものがある。

　本章では，こうした状況をふまえ，肢体不自由児施設における養護実践について述べる。まずは施設の概要を把握し，そのうえで子どもの日常生活 (日課)，実践内容 (事例)，アフターケアに関して学習する。これにより，肢体不自由児施設の養護やそこにかかわる職員 (社会福祉専門職) としての留意点を考え，肢体不自由をはじめとした身体障害への関心・理解を深める一助にしていただきたい。

1　肢体不自由児施設の目的と対象

　肢体不自由児施設は，「肢体不自由のある児童を治療するとともに，独立自活に必要な知識技能を与えることを目的とする施設とする」(児童福祉法第43条の3) と規定されている。これは，児童福祉法に規定された児童福祉施設であると同時に，医療法に基づく病院としての機能も併せ持つ施設である。それに加えて，教育施設の併設も不可欠となっている。利用対象となるのは，小児外科での手術などの短期入所を必要とする児童，脳性まひなどのため長期間にわたり医療面でのケアを要する児童，また家庭の事情などにより入所が必要な児

童である。医師の診断に基づき，児童相談所長によって利用か否かが決定される仕組みとなっている。

なお，利用対象年齢は満18歳まで（必要に応じて満20歳まで）であるが，障害が重度であり引き続き入所の必要性が高い場合は，満20歳を過ぎても入所を継続できる。

2 子どもの日常生活

肢体不自由児は，大脳の中枢神経に損害を受けたことによる運動障害や随伴障害がある。そのため，筋肉の緊張やバランスのコントロールに支障をきたすといった症状が見られ，食事や排泄等において介助を要する場合が多い。また，知的，言語，聴覚等の障害を併せ持っている子どももいる。そのほか社会性の面でも，治療に多くの時間を費やし，人との交流も限られた範囲となるため，社会性の発達に課題を抱えていることもある。

そこで，肢体不自由児施設においては，療育やリハビリテーションを通じて障害自体の軽減を図り，日常生活習慣の確立と社会参加の手助けとなるような訓練・指導が実施されている。医療（整形外科的治療中心），機能訓練（理学療法，作業療法，言語療法），生活指導等の各部門が連携し，対象児のニーズや障害の程度等に応じて複合的に取り組まれている。さらには，余暇時間や学習時間も設けられている。

そのほかスポーツレクリエーション，夏祭り，誕生日会，クリスマス会といった行事もある。また，地域のボランティアによるピアノコンサートが開催されるところもあり，子どもたちの「楽しみ」の一環であると同時に，さまざまな体験や，ボランティア・地域住民との交流が，社会性を養う基礎となっている（日課表の例は表13-1参照，次頁）。

なお，入所形態として，児童の単独入園のほか，子どもに適切な育児法を習得するため，母子がともに治療・訓練を受けながら一定期間入所する母子入園という方法もある。

第Ⅱ部　子どもの養護の援助内容

表13-1　肢体不自由児施設における日課表の例

時　間	子どもの生活日課		
	幼　児	小　学　生	中・高校生
6：00	起床／検温／整頓（洗面，着替え等）		
7：00	朝礼・ラジオ体操		
7：30	朝　食	朝食・登校準備	
8：30	休憩・準備	登　校	
9：00	保育・訓練	授業・訓練	
12：00	昼食・休憩	昼食・休憩	
13：00	訓練・昼寝	授業・訓練	授業・訓練
15：00	おやつ・入浴	帰園・自由遊び	
16：00	自由遊び・夕食準備	おやつ・入浴	帰園・自由遊び
17：00	夕食・休憩	訓練・自由遊び・夕食準備	入　浴
18：00	余暇時間	夕食・休憩	
19：00	就寝準備	余暇時間・学習時間	余暇時間・学習時間
20：00	消　灯		
20：30		就寝準備	
21：00		消　灯	就寝準備
21：30			消　灯

＊子どもの障害の程度，単独入園，母子入園などの違いにより，時間帯は異なる。
＊そのほかの行事として，スポーツレクリエーション，夏祭り，誕生日会，クリスマス会，節分，ピアノコンサートなどがある。
（出所）　米山岳廣・田中利則編著『養護内容の基礎と実際』文化書房博文社，2007年，115頁を基に筆者作成。

3　事　例

母子入園による支援

　G男（4歳）は脳性まひと診断され，よつんばい，転がり移動はできるものの，単独歩行はできず，言葉もほとんど出ない状況であった。食事，排泄などの介助も必要であった。それまで，父親の仕事が忙しく，母親がほぼ1人で育

児・介護を行ってきたが，毎晩夜泣きがあり，母子ともに生活リズムが乱れてきた。こういった状況から，母親は育児への不安と体力的な限界を感じ，児童相談所に相談の結果，母子入園の形でC肢体不自由児施設に入所することとなった。

施設入所後は，日中は理学療法士（PT）・作業療法士（OT）らによる機能訓練，保育士を中心とした保育やレクリエーションなどが実施された。本人は，はじめは訓練に対して抵抗感を示していたが，徐々に成果が現れるにつれて笑顔が見られ，意欲的に取り組むようになった。同時に，生活リズムが整い，夜泣きの回数も減少してきた。母親も積極的に保育や訓練に参加しており，医師，児童指導員，保育士といった専門家からわが子への療育や介護方法について学ぶなかで，育児に対する不安も軽減してきている様子がうかがえる。最近では父親も面会に訪れ，G男の成長を喜び，母親にも理解を示しつつある。

入所から約2か月が経過したこの段階で，母親からG男と再び自宅で暮らしたいとの強い希望があった。父親もこれ以上は1人で生活を続けるのが困難というのも理由の一つに挙げられる。そこで，通園施設への移行も含め，今後の支援の方向性について両親と話し合い，施設内で検討されることとなった。

社会福祉専門職としての視点

肢体不自由児施設の機能・役割として，施設内における肢体不自由児の療育のみならず，ショートステイの機能も加わるなど，地域の多様な障害児やその家族への支援を行うことが求められている。

社会福祉専門職はこのことを念頭に置き，他職種との連携を図りながら，障害児本人の能力・障害の程度の理解に努め，ADL面の向上をめざすことが重要である。それに加えて，本事例において母親の不安・負担感を専門職が受け止めながら子どものケアに携わっていったように，家族の状況も把握し，気持ちも考慮したうえで支援を進めることが必要となる。

第Ⅱ部 子どもの養護の援助内容

4 アフターケア

　現在，肢体不自由児施設は，施設退所後の子どもに対する継続的なかかわりが期待されている。障害に関する問題は児童期のみでは解決できず，成人期においてもさまざまな問題が起こる。療育の中断によって障害が悪化したり，2次障害が発生したりする例が見られる。また，障害児（者）を支える家族の負担もあらゆる意味で大きい。

　そこで，施設職員（社会福祉専門職）としては，肢体不自由児のインケアだけでなく，アフターケアまでを視野に入れた総合的な支援を行うことが求められる。障害者自立支援法が制定・施行され，障害児（者）施設・事業体系自体が大幅に再編された。2009（平成21）年を目処にさらなる見直しが予定されており，障害児（者）や家族に与える影響は一層大きくなることが予想される。このような状況を踏まえ，今後，肢体不自由児施設退所後の障害者本人への支援体制の整備・充実とともに，その家族の精神的負担や介護負担，さらには金銭的負担の軽減が図れるようなシステムの構築を検討していくことが望まれる。

参考文献
浅井春夫監修，中山正雄編著『児童養護の原理と実践的活用』保育出版社，2004年。
加藤孝正編著『新しい養護原理　第5版』ミネルヴァ書房，2006年。
内山元夫・岡本幹彦・神戸賢次編『改訂　福祉施設実習ハンドブック』みらい，2007年。
小田兼三・石井勲編著『養護内容の理論と実際』ミネルヴァ書房，2007年。
神戸賢次・喜多一憲編『児童養護の原理と内容』みらい，2007年。
米山岳廣・田中利則編著『養護内容の基礎と実際』文化書房博文社，2007年。

読者のための推せん図書
浅倉恵一・峰島厚編著『子どもの福祉と施設養護――施設における実践をどうすすめるか――』ミネルヴァ書房，2004年。
　――施設で生活する子どもたちの福祉と地域生活支援の実践内容を高めることを目

第13章　肢体不自由児施設における援助内容

　　的とした「養護内容」のテキスト。「虐待を受けた子どもの入所が急増するい
　　ま，実践をどう進めるかを考えること」を全体的なテーマとして述べられてい
　　る。
新井英靖編著『障害児者へのサポートガイド』中央法規出版，2007年。
　──肢体不自由のみならず，視覚障害・聴覚障害・内部障害等に関する特徴が平易
　　に解説されている。障害児・者支援の経験の浅い者でも分かりやすいように，
　　その具体的な支援方法がまとめられている。
小田兼三・石井勲編著『養護内容の理論と実際』ミネルヴァ書房，2007年。
　──肢体不自由児施設をはじめ，各種児童福祉施設における養護の実際が説明され
　　ており，養護内容全般について学びを深めるうえで分かりやすい内容・構成と
　　なっている。

第14章

知的障害児通園施設における援助内容

　知的障害は,「知的機能の発達の障害」と「社会への適応行動の障害」という2つの側面を有している。「知的機能の発達の障害」は,根本的に消失することがなく将来にわたって持続すること,「社会への適応行動の障害」は,子どもが必要とする環境を早期から適切に整えることで軽減・予防が可能である。そのため,知的障害のある子どもの支援には,医師,保健師,作業療法士,保育士等の多職種がかかわる早期療育と,雇用,教育,医療等の分野を超えた総合的な取り組みによって行われる乳幼児期から卒業後までの一貫した相談支援体制が強く求められている。[1]

　本章では,知的障害児通園施設の援助について概説する。早期療育の場として,また就学前の適応の場としての施設の役割を理解し,乳幼児期に必要な支援のあり方を考えていけるようにすることが重要である。

1 知的障害児通園施設の目的と対象

　知的障害児通園施設は,「知的障害のある児童を日々保護者の下から通わせて,これを保護するとともに,独立自活に必要な知識技能を与えることを目的とする」(児童福祉法第43条)と規定される。「知的障害のある児童」については,1979(昭和54)年の養護学校教育義務制実施以降,原則として就学前の年齢の子どもを対象とすることになり,1998(平成10)年には障害児施設の相互利用が制度化され,他の障害種別の子どもを受け入れることも可能となった。

子どもの多くは，超低出生体重児，ダウン症，自閉症など，ことば・身体運動面・生活面などに発達の不安を抱える子どもたちであり，職員は，児童指導員，保育士，栄養士，発達相談員，看護師，作業療法士などが配置されている。

2 子どもの日常生活

知的障害児通園施設の生活の主眼は，一人ひとりが大切にされたという経験を積み重ねていけるように援助していくことにある。「目を合わせない」「後ろ向きの抱っこを要求する」などの行動は，子どもを育てる親にとって大きなショックや戸惑いであるばかりでなく，過保護や突き放しなどの親子間の問題を生じさせる。乳幼児期の最も基本的な課題である親子間の愛着を形成する過程において，親と子がともに不安や困難を抱えていることを理解し，親の不安に寄り添いながら，子どもの不安や不自由さを軽減するための環境を工夫し，子どもの生活を充実させていくことが必要である。

生活全体は，幼稚園や保育所よりも少人数での活動を中心に，ゆっくりとしたペースで丁寧に進められる。施設環境や指導方法は，生活の構造化や視覚的支援の導入など，子どもが理解しやすいように工夫される。色カーペットや間仕切りを利用した施設スペースの明瞭化，スペースを区切った休息スペースの確保，絵カードや写真入り手順表などの呈示による場面理解，AAC（拡大代替コミュニケーション）[3]活用によるコミュニケーション支援などは，その具体的な実践例である。

3 事　例

以下，事例を通して，知的障害児通園施設D園の援助内容について考察する。

第Ⅱ部　子どもの養護の援助内容

事例の概要

(1)　入所までの経緯

　1歳6ヶ月児健康診査にて「視線が合わない」「人への関心が薄い」との指摘を受ける。事後フォロー，療育教室を経て，D園入園（3歳10か月）。医学的診断4歳3か月。

　特別児童扶養手当，療育手帳申請済み。

(2)　子どもの様子

　視線交流が乏しく，ことばのやりとりが難しいため，人を介した遊びが成立しにくい。興味の偏り，こだわり，感覚過敏も見られる。場面や状況の理解が難しく，部屋の中をゴロゴロと寝転がったり，フラフラと動き回ることが多い。

(3)　家族の様子

　父母ともに「来年は幼稚園へ行かせたい。無理でも，小学校は地域校へ行かせたい。そのために療育で何とかしてほしい」という思いをもっている。母親は，H実の障害や対応方法について熱心に勉強しているが，H実との実際のかかわりに苦慮しており，精神的に不安定になることも多い。入園前までは主に祖母がH実の世話をしていた。

H実への支援の概要

　H実への支援は，人とかかわる基本的な力を育むこと，自分でやろうとする意識を育むことを目標とした。特定の大人との関係のなかでH実の要求や期待を引き出せるよう，担当による個別なかかわりを十分に行い，園内の協力体制も配慮された。母親との協働を重視し，ポーテージプログラム[4]による指導を取り入れ，母親とともにH実の現状と課題を把握し，できることを増やしていった。他の子どもとの交流場面では，特に身体を使ったダイナミックな遊びを多く取り入れ，楽しさを共有することができるように働きかけた。身辺自立をめざす過程では，排泄や着替えなどの基本的な日常生活動作を職員と一緒に丁寧に繰り返し行い，小さな成功を何度も繰り返し体験していくことで，H実の意

第14章　知的障害児通園施設における援助内容

表14-1　D園の1日のスケジュール

日　課		内　　容	主 な 援 助
10:00	登園 朝のしたく	通園バス到着 連絡カード・荷物片づけ・排泄・着替え	家庭との連絡確認 日常生活動作の練習
	自由遊び 片づけ	パズル・絵本・ブロックなど	遊びへの誘いかけ 遊び方の呈示
10:45	朝の会	あいさつ・うた・おはなし・「今日の質問」・体操	他児との場面共有，集団生活の基礎づくり
11:00	設定保育	サーキット（トンネル・滑り台・平均台・マット）	ボディイメージの形成，運動機能の向上
11:50	排泄 手洗い		
12:00	給食	いろいろな食べ物を，おいしく食べる	偏食指導，スプーンなどの道具操作の指導
13:00	歯磨き 排泄		日常生活動作の練習
13:20	個別のかかわり又は午睡	着席しての課題に取り組む。シール貼り，はさみの使い方など	子どもの様子の観察及び指導
	排泄 手洗い		
14:10	おやつ		日常生活動作の練習
	帰りの準備	排泄・着替え・片づけ	
14:45	帰りの会	おはなし・絵本・うた・あいさつ	他児との場面共有，集団生活の基礎づくり
15:00	降園	通園バス出発	

（出所）　筆者作成。

欲につなげていった。生活のなかでは，絵カードや写真入りの手順表などを補助的に用い，H実が理解しやすい場面や状況を工夫した。母親に対しては，連絡帳やお迎えの時間を利用して，普段から意思疎通を図るとともに，療育相談や親子通園日を利用して，母親の思いに耳を傾けた。H実の課題及び施設の1日のスケジュールは表14－1の通りである。

4 アフターケア

　H実の事例のように，保護者にとっては，地域校あるいは普通学級への就学が療育の目的になってしまうことは珍しくない。障害児保育や保育士加配の制度的支援を受けられれば，就学以前に保育所や幼稚園に移行する子どもも少なくない。事例では，H実の最善の利益につながる選択決定を保護者が担っていけるように援助していくことが支援者の役割として求められた。H実の現状と課題について，保護者とともに整理・理解を進め，就学勉強会，学校見学，就学相談などを通じて「H実にとって何が必要か」を一緒に考えていった。時には，保護者の感情を受け止め，学校機関との面談に立ち会ったり，その他の相談機関へとつなげたりすることも必要であった。
　移行後は，必要に応じて，並行通園や外来での療育を継続するほか，障害児にかかわる保育所や幼稚園への助言・指導などの支援を行う施設支援，学校訪問による発達相談及び療育相談を実施し，教育機関との連携を深めながら，直接的・間接的に支援を継続する。就学後の具体的な生活支援については，特別支援教育コーディネーター，クラス担任，障害児学級担任，養護教諭等の教育関係者や学童保育職員，日中一時預かりなどのサービス事業所及び行政福祉担当職員などと連携し，ケースカンファレンスや情報交換を通じて，具体的な援助方法を検討する。さらに，教育委員会による就学指導委員会への関与もある。学童期支援の軸となる「個別の教育支援計画」へとより効果的につなげられるように，独自に個別の療育計画を作成している施設もある。乳幼児期に積み上げてきた療育の成果と課題を，次の学童期の支援にどのようにつないでいくか

第14章　知的障害児通園施設における援助内容

が課題である。

注
(1) 「重点施策実施5か年計画」(2002年) では，医療，保健，福祉，教育，労働等の関係部局・機関が一体となって，障害のある子どもと家族に対する一貫した相談・支援体制を整備するための具体的方策が講じられている。また，「今後の特別支援教育のあり方について（中間報告）」(2002年) 及び「最終報告」(2003年) では，今後の障害児教育のガイドラインが示され，後の発達障害者支援法などとともに，関係機関・関係者の連携による子どもの生涯にわたる支援体制の必要性が明記されている。
(2) 「構造化」……空間，時間，作業課題や手順などについて「ここでは何をするのか」「いつ何をするのか」「どうやって行うのか」「次はどうなるのか」等，わかりやすく環境を設定すること。
(3) 「AAC（拡大代替コミュニケーション）」……視線，身振り，サイン，コミュニケーションボードなど自分のもてる力を活用できる方法を選択，活用することによって，障害のある人もない人も，その手段によらず，コミュニケーションを行っていくことをめざしていくもの。
(4) 「ポーテージプログラム」……発達に遅れのある子どもの早期教育プログラム。「乳幼児期の刺激」「社会性」「言語」「身辺自立」「認知」「運動」の6つに発達療育を区別し，チェックリストによって子どものつまずきを把握し，小さな課題を達成できるようにアプローチしていくもの。その中心的な役割を親が家庭で担えるようにしているところに特徴がある。

読者のための推せん図書
坂井聡『自閉症や知的障害をもつ人とのコミュニケーションのための10のアイデア』エンパワメント研究所，2002年。
　　——養護学校で行ってきた実際の支援をもとに，知的障害や自閉症の子どもたちとのコミュニケーションを図るアイデアや方法が解説されている。構造化についても解説がある。
門真妙『お兄ちゃんはゆっくり，すこしずつ——障害のある私の兄を紹介します——』中央法規出版，2003年。
　　——子どもの視点から紹介する重度の知的障害のある兄と家族，そして地域。そのありのままの姿から，障害のある人とともに暮らす生活を感じ取って欲しい。

第Ⅱ部　子どもの養護の援助内容

　コロニーAAC研究班　内田由美・西矢育子『ひろみとまゆこの2人だけのがいしゅつ——バスにのってまちまで』清風堂書店，2006年。
　　——施設で暮らす知的障害のある二人がバスに乗って買い物に行ったドキドキ，ワクワクの体験をつづったもの。この本は，言葉だけに頼らずに読める本として作成されており，コミュニケーション手段としてのシンバルの活用などを知ることもできる。
田中康雄『軽度発達障害のある子のライフサイクルに合わせた理解と対応——「仮に」理解して「実際に」支援するために——』学習研究社，2006年。
　　——子どもの示す「困った問題」をどう理解し，支援するか。成長の節目で困難に直面しやすい子どもたちの例をもとに解説。
月刊『みんなのねがい』全障研問題研究会。
　　——障害児福祉，障害児教育の最新の動きが実践事例とともに掲載されている。

第15章

肢体不自由児通園施設における援助内容

「ノーマライゼーション」及び「リハビリテーション」流れのなかで，どのような重い障害がある子どもでも，一人の人間として尊重され，自分らしい生活を創りあげていくための支援の在り方が求められている。

肢体不自由児通園施設は，障害のある子どもの療育機関の一つとして，医学的リハビリテーション及び社会的リハビリテーションの機能を有し，親支援，家族支援を含めながら，子どもの機能回復と社会参加への援助を担っている。

本章では，疾患や医療的管理による不自由さや不利益のある生活を援護し，障害のある子どもが，本来の一人の子どもとしての人間性を回復するための援助について考えていくことをねらいとする。

1 肢体不自由児通園施設の目的と対象

肢体不自由児通園施設は，「通園によっても療育効果が得られる児童に対し，必要な療育を行い，これらの児童の福祉の増進を図る」（児童福祉法第43条の3，昭和38年6月11日厚生省発児第122号通知）ことを目的とする。児童福祉法に規定される肢体不自由児施設の一種であるとともに，医療法で規定する診療所でもあり，これら2つの性格を併せ持った施設である。診療所として必要な設備のほか，児童福祉施設としての機能訓練のための訓練室，屋外訓練場，相談室，調理室等の設備が設置され，職員についても，医師，看護師のほか，児童指導員，保育士および理学療法士または作業療法士などの専門職員が配置される。

1963（昭和38）年，肢体不自由児施設の通園児童療育部門として法制化され，1969（昭和44）年，児童福祉施設最低基準の一部改正によって，就学前の肢体不自由児を対象とした独立の肢体不自由児通園施設が制度化された。

家庭と入所施設との中間的な形態として，子ども及び家族が生活の基盤を家庭におきながら療育支援を受ける「通所」によって，家庭のみでは全てを担うことが難しい障害のある子どもの育児を，専門的技術をもって支援している。

2　子どもの日常生活

障害のある子どもが，1人の子どもとしての本来の姿や生活を取り戻せるようにしていくことが施設の援助の目的である。低筋張（全身の筋肉が弱い）等の要因により運動機能の発達が阻害されると，子どもの活動や生活は大きな制限を受ける。入所している子どもの多くが「泣かない」「飲まない」子どもであったという事実は，その典型である。子どもには年齢相応の欲求や周囲への関心があることを理解し，発達に必要な生活経験や刺激を用意していくことが必要である。

表15-1　E園の1日の流れ

時刻	内容
10：00	登園，検温，視診
10：10	個別訓練
	にじ組保育（親子保育）
10：50	休憩
11：00	個別訓練
	ほし組保育（親子保育）
11：40	給食準備
12：00	給食（12：50〜診察）
13：00	つき組保育（親子分離）
	個別訓練
15：00	降園報告

（出所）　筆者作成。

E園の概要

肢体不自由児通園施設E園では，脳性麻痺，二分脊椎，ダウン症候群，プラダウイリー症候群，水頭症などによる身体の不自由さがある40名の子どもが通園を利用している。通園は，月曜日から金曜日までの10：00-15：00，親子通園で行っている。大まかな1日の流れは表15-1の通りである。職員は，医師，看護師，理学療法士，作業療法士，言語聴覚療法士，児童指導員，保育士，発達相談員，栄養士，ケースワーカーなど20名である。

第 15 章　肢体不自由児通園施設における援助内容

3　事　　例

以下，事例から，肢体不自由児通園施設の支援の一例を概説する。

事例の概要

(1)　入所までの経緯

　40週と2日で出生。新生児期より哺乳力が弱く，泣くこともあまりない「静かすぎる」子どもであった。3ヶ月健康診査にて「リスク児」として把握される。6か月を過ぎても首すわらず，寝返りが見られず，「身体が異常に柔らかく，ぐにゃぐにゃした感じ」であり，保健師からE園を紹介される。外来でのフォロー及び療育教室を経て，E園入園（2歳1か月）。この間に，E園より紹介された医療機関にて，医学的診断を受ける（1歳1か月）。

(2)　子どもの様子

　現在，父親，祖母，叔母との4人暮らしで，祖母と通園する。歩行開始は2歳7か月。始語は3歳。以降，急激に増加。身辺自立しており，園での活動も自分で進んでやろうとする。園では，リーダーシップを発揮している。発達のアンバランスがあり，かけっこやジャンプなどの粗大運動にはぎこちなさが目立つ一方で，手先を使った細かな作業は器用にこなしている。ことばの面では，語彙も多く，流暢に話すが，理解力には遅れが見られる。就学先は，地域校の障害児学級を希望している。

Ｉ美への支援の概要

　Ｉ美に合った療育については，Ｉ美が積極的に楽しんで活動に参加できることを第一に，全職員が園内のケース会議等を通じて検討を重ね，援助を積み上げていった。可能性や限界などＩ美の発達予後も視野に入れ，作業療法士を中心に，感覚統合療法(1)を取り入れた個別の訓練プログラムを作成・実施していくなど，日常生活動作の自立と自己統制力の向上を目標に援助を行った。特に，

第Ⅱ部　子どもの養護の援助内容

表15-2　I美の1日の生活スケジュール

	日　課	内　　　容	主 な 援 助
10：00	登　園 朝のしたく 視診	出席シール貼り・荷物の片づけ・排泄	体調管理
10：10	個別訓練1	作業療法士による訓練 ブランコ，バランスボール遊びなど， 遊具を使ったダイナミックな遊びを楽しむ	ボディイメージを 形成し，運動機能 を向上させる
11：00	個別訓練2	言語聴覚士による訓練 遊びを通して，会話のやりとりを楽しむ	口腔機能・コミュ ニケーション能力 を向上させる
12：00	給　食	楽しく，おいしく，食べる	作業療法士，言語 聴覚士，栄養士及 び保育士による子 どもの「食」に関 する障害への援助 （摂食指導，栄養 指導等）
12：50	自由遊び 診察（適宜）	お友達と仲良く遊ぶ	
13：00	クラス保育	始まりの会（あいさつ・うた・体操） 排泄	集団生活の基礎づ くり
13：30	設定保育 （親子分離）	今日のメニューは「散歩」（晴れの日は，散歩のほか・水遊び・プールなど，雨の日はサーキット・ボールプール・製作など）	日常生活動作自立 に向けた援助 ソーシャルスキ ル・トレーニング
	＊母親らは 控え室で 情報交 換・意見 交換など	給茶 帰りの会（絵本・うた・あいさつ）	
14：45	おむかえ	お母さんのお迎え	今日の様子の報告， 伝達及び相談・指 導
15：00	降　園		

（出所）　筆者作成。

姿勢——運動機能の向上と情緒安定のため，刺激の多い運動活動を多く取り入れ，運動習慣の基礎づくりを行った。Ｉ美の食に関する障害に対しては，言語聴覚士と栄養士が中心になってアプローチを行い，作業療法士は自助具の作成，保育士は食事の環境づくりなどで支援に加わった。発達予後については，Ｉ美が有する疾患の特徴から，学童期以降に，精神発達面での遅れ，食行動の異常，こだわりやかんしゃく等の行動の問題，肥満などの内科的管理の必要性が生じてくることが予測されている。

4 アフターケア

　肢体不自由のある子どもは，長期間の入院治療や在宅療養を必要とする。そのために，生活は分断されやすく，支援は途切れやすい。就学等の移行支援については，前章で概説した。障害のある子ども及び家族が，医療・福祉・教育等の幅広い支援を生涯にわたって受けることができる支援体制の整備，卒園後もさまざまな活動に参加しながら，社会とのかかわりのなかで生きていくことを可能にする支援が求められている。一人ひとりに応じた役割をつくり出し，それらを担えるように支援していくことも課題である。[2]

注
(1) 「感覚統合療法」……子どもの神経的ニーズに基づいて，感覚刺激，及びその刺激への適応反応を導く治療であり，脳が感覚を処理し，構成していく方法の改善を目標とする。前庭，固有受容，および触覚刺激を提供するような身体全体の運動を用いて行われ，通常，机上での活動，ことばの訓練，読みの練習，あるいは特定の知覚や運動技能の訓練は含まれないとされる（坂本龍生・花熊暁『新・感覚統合法の理論と実践』学習研究社，1997年，41頁）。
(2) 「ソーシャルロールバロリゼーション」を提唱したヴォルフェンスベルガーは，人と社会的役割の相互関係から障害者ら社会的弱者が置かれた環境，引き受けさせられた役割に注目した。社会的に価値が低められている人々に対して，社会からの切り離しではなく，価値のある役割を創り出し，その役割をよりこなせるような適応力を高めるように援助していくことが援助者の役割とされる。

第Ⅱ部　子どもの養護の援助内容

参考文献

ヴォルフェンスベルガー／中園康夫・清水貞夫編訳『ノーマリゼーション――社会福祉サービスの本質――』学苑社，1982年。

ヴォルフェンスベルガー／富安芳和訳『ソーシャルロールバロリゼーション入門――ノーマリゼーションの心髄――』学苑社，1995年。

読者のための推せん図書

吉峯康博編，子どもの人権双書編集委員会企画『医療と子どもの人権』明石書店，1998年。
　　――医療を必要とする子どもの人権をめぐって，病名告知や親による治療拒否，ターミナルケアなどのテーマを通して，子どもが子どもであるために何が必要かを考える力を培ってほしい。

辻井正次・宮原資英『子どもの不器用さ――その影響と発達的援助――』ブレーン出版，1999年。
　　――子どもの運動発達の問題について，その理論と実際，援助の方法について解説している。

茂木俊彦・藤井建一・中村尚子編『からだの不自由な子どもたち』大月書店，1999年。
　　――「子どものためのバリアフリーブック――障害を知る本――」シリーズ。「難病の子ども」「ダウン症の子ども」「知的障害」など1冊1テーマで，やさしく丁寧に解説している。

第16章

保育所における援助内容

　児童の権利に関する条約前文には，児童は，その人格の完全なかつ調和のとれた発達のため，家庭環境の下で幸福，愛情及び理解のある雰囲気の中で成長すべきである。

　1990年代以降，エンゼルプランや緊急保育対策5か年事業等により，保育所機能は拡大されてきた。一方で，現状の保育政策は保育所機能の量的拡大に重点が置かれている側面があり，結果として，詰め込み保育や施設内虐待，保育士との安定的な関係性の阻害など，本来の保育の目標であるはずの子どもの権利擁護の根幹をゆるがす問題が生じている。

　子どもの権利の実現は，親や保護者のウェルビーイング及び利用可能な資源に大きく依拠していることを踏まえ，親らのエンパワメントをも含めたより包括的な援助の内容を考えていけるようにすることが重要である。

1 保育所の目的と対象

　保育所は，「日日保護者の委託を受けて，保育に欠ける乳児または幼児を保育することを目的とする」(児童福祉法第39条) 児童福祉施設である。保育所の保育を受けるためには，「保育に欠ける」状態が要件であり，児童福祉法施行令第27条では市町村が実施する保育の基準について定めている。主な対象は，就学前の子どもであって，親の就労，疾病などの理由により，家庭において十分な保育が行えない場合とされてきた。しかし，母子家庭等の子どもの保育所

への入所に関する特別な配慮の規定（母子及び寡婦福祉法第28条），児童虐待を受けた児童等に対する支援の規定（児童虐待の防止等に関する法律第13条の2）など，保育所は子どもが置かれている養育環境に焦点を当てて，その受け皿としての機能を拡大している。

保育所保育指針では，保育所の目的について，「保育に欠ける子どもの保育を行い，その健全な心身の発達を図る」こととしたうえで，保育所は「入所する子どもの最善の利益を考慮し，その福祉を積極的に増進することに最もふさわしい生活の場でなければならない」としている。

2　子どもの日常生活

乳幼児期の子どもは，その権利を実現するために「身体面の養育，情緒的なケア，および配慮のこもった指導，ならびに，社会的遊び，探求および学習のための時間と空間」を特に必要とする（2005年『「乳幼児期における子どもの権利の実施」に関する一般的注釈』第7号）。保育所の生活では，子どもに対して何を保障するのかを明確にするとともに，家庭では担いきれない役割を明らかにし，子どもの発達しつつある能力を尊重するために必要な環境を整えていくことが必要である。表16-1は，F保育園の生活スケジュールである。

3　事　　例

以下，事例を通して，保育所の援助の一例を紹介する。

事例の概要

(1) 入所までの経緯

母，兄，J太の3人暮らし。兄とは年が離れており，父親も異なる。入所までは，日中は祖母に預けられていた。兄に連れられて，深夜，コンビニの駐車場で遊んでいる姿や，日中ひとりでゲームセンターを歩き回る姿が度々

表16-1　F保育園の生活スケジュール

	0歳，1歳		2歳，3歳，4歳，5歳
7：00	登園 視診・検温 自由遊び	7：00	登園 視診・検温 自由遊び
9：00	おやつ	9：00	水分補給
9：20	散　歩		朝の会 設定保育
10：40	睡　眠		
12：00	給　食 砂場遊び	12：00	給　食
		13：00	睡　眠
14：30	睡　眠		
		15：00	おやつ
15：40	おやつ	15：30	午後の活動
16：00	園庭遊び・散歩など		園庭遊び・散歩など
17：00	順次，降園	17：00	順次，降園
		18：00	「みんなあそび」
18：30	補　食		（異年齢合同）
19：00	降　園	19：00	降　園

（出所）　筆者作成。

目撃され，福祉事務所などには電話が寄せられていた。

　J太の住む地域のF保育園の地域支援担当保育士が，祖母とJ太が一緒にいるところをねらって何度も会いにでかけた。「小さい子の世話はしんどいわ」と話し始めたのを機に，保育所に誘った。要保護児童対策地域協議会ではJ太の支援の方向性や対応方法が検討された。保育所も，状況や対策について関係機関と情報交換を行いながら援助を進めた。

(2)　子どもの様子

　入所後は，無断欠席が度々ある。「連れて行くのが面倒」と話す母親との間が途切れてしまわないよう，園長や担任が毎日園庭で出迎え，連絡をこまめに行っている。

　J太が活動に乗れないときには，職員室で園長（J太は園長にとてもなついている）との個別のかかわりに切り替えることもある。言語面での不安につ

いては，園長と担任が言語聴覚士と連携しており，保育活動に取り入れやすい言葉遊びなどの指導や助言を受け，内容を工夫して取り組んでいる。

支援の実際

(1) 子どもの生活の組み立てを支援する

朝10時，クラスの活動が盛り上がるなか，J太が登園。担任とともに視診及び片づけ，準備に向かう。その間，母親は昨日あったこと，J太に腹が立ったことなど立ち話をして園を後にする。最近では，母親が「みんな元気やね」と他の子どもに目を向ける様子もある。準備が終わっても，J太は廊下でゴロゴロ寝転がっている。就寝は毎日夜の12時，朝は起きにくく，ご飯は食べないという。クラスの活動が始まってから登園するので，参加するきっかけもつかみにくくなっている。「J太君，一緒にやろう」と友達が誘いに行くが「誰がやるか」と返す。保育士がしばらく好きな遊びにつきあい，頃合いを見て，別の保育士が活動に誘う。しぶしぶ参加するが，活動が終わる頃には笑顔が見られるようになっている。

(2) 子どもの「できる」「やれる」を支援する

「お腹ぺこぺこや」と進んで給食の準備に参加する。食べるのも早く，おかわりをする。「これはここやで」「こぼさんようにな」と言いながら片づけの指揮もとる。「お手伝い行ってくるわ」と友達を連れて2歳児の部屋にでかける。

5歳児クラスが2歳児クラスの手伝いをする時間を設けたところ，J太が一番張り切って手伝いをするようになった。「ボロボロこぼして汚いなあ。まあ小さいから仕方ないな」「なかなか寝ないねん。でもな，俺じゃないとあかんねんなあ」部屋に戻ってくると嬉しそうに報告する。

午睡から目が覚めるのは一番遅い。おやつの準備も整った頃，ようやく起きあがり席に着く。午後の活動は，レンジャーごっこで盛り上がる。けんかも多い。手が出てしまう前に一呼吸おけるよう，保育士がさりげなく近くに位置し，配慮する。他の子どもの体調も見ながら，ドッヂボールやリレーなど，みんなで思い切り身体を動かせる時間をもつようにしている。J太がボールを集める

ので「J太君ばかりずるいよ」と周りの子どもからクレームもつく。「分かったよ。当てろよ」と言いながら譲る。「こうやって投げるねん」「ねらいはこうや」。運動が得意なJ太は，他の子どもに色々と教えている。周りの子どもの様子を見たり，友達の言うことを聞き入れる場面も増えてきた。

(3) 学校への移行を支援する

順次，降園となり，部屋に入る。保育士の隣で取り組んでいるのは「もじのワーク」。「俺の名前どうやって書くん？」と聞いてきたことがきっかけとなって，文字の練習をするようになった。「一緒にやりたい」という子どもが増え，近頃は小学校に向けてみんなで座っての課題に取り組むようになった。保育士が隣で見守りさえすれば，J太もしっかり取り組むことができる。

夕方6時，母親が迎えに来る。これから祖母の家で過ごし，母親の迎えで自宅に戻るのは夜の11時を過ぎる。母親の迎えを保育士が待っていて「お母さん，今日，J太えらかったんやで。ごめんね。ちょっとだけ聞いてくれる？」と声をかける。「忙しいから……」と言いながら，途中で場所を移して，最近のJ太の様子など30分以上話をする。「明日はもうちょっと早く来るように頑張ってみるわ」。J太親子は園を後にした。

4 アフターケア

J太のように，何らかの特別な配慮を必要とする子どもについて，保育所では個別支援のためのケースファイルを作成している。また，保育所の生活で想定されるあらゆる緊急時に対応するために個別のマニュアルを作成している。これは，担任を中心に，全職員が職員会議等を通じて作成していくもので，状況が変化する毎に追加，修正を加えていく仕組みになっている。

他機関との連携では，要保護児童対策地域協議会や関係機関との個別ケース会議で情報を共有し，その都度，支援シートを作成していく。保育中に何らかの異常な状態が疑われた場合には，園長から児童課へ連絡する体制をとっている。情報交換や具体的な対応方法については，研修や会議を通じて外部の相談

機関や権利擁護機関とともに検討している。子どもに障害や慢性疾患等がある場合には，子どものかかりつけ医と連絡がとれる体制を整えておく。同時に，保育所の看護師を中心に，必要な医療的配慮を職員に周知し，園医との協力体制を整えていく。必要がある場合には，両親の承諾を得たうえで，園医や看護師から紹介を受けた専門医から助言や指導を受けることもある。

　就学に関しては，園長を中心に教育機関と連携する。就学指導委員会の対象となる子どもや特に配慮の必要な子どもについては，教育委員会と連携し，事前相談への立ち会いや保育所での児童観察などが行われる。就学予定校の校区の保育園・幼稚園児との交流会，学校見学，体験入学なども行われる。

　しかし，学校との連携には多くの課題がある。引き継ぎや情報の共有の方法，キーパーソンの有無など，特別な配慮が必要な子どもが教育機関に移行後も必要な支援を受けられるかどうかは，一部の関係者の個人努力に相当程度依拠しているのが現状である。援助の中心はあくまで子どもである。子どもの権利を基盤としたアプローチのために，関係機関がどのようにつながり，また，そのつながりをどのように生かしていくかが課題である。

読者のための推せん図書

山縣文治監修，子どもの相談システムを考える会編著『子どもを支える相談ネットワーク』ミネルヴァ書房，2001年。
　　——虐待や不登校などの子どものさまざまな問題について教育・保健・福祉が協働で行った支援の事例から，子どもを支えるための関係機関の協働を考える。

IPU・ユニセフ『児童保護——会議人のためのハンドブック——』衆議院事務局国際部国際会議課，2005年。
　　——児童保護をとりまく課題を中心に，私たちが果たしていくべき役割について，国際的基準や取り組みの実践事例とともに，一般的な用語で解説している。

第17章

児童館における援助内容

　児童館の役割は児童の健全育成にある。安全な遊び場と遊びを提供するなかで，児童自身の健康な身体の育成と，人とかかわる力や創造性などの情操を伸ばすことが役割である。しかし昨今では，児童福祉法の改正により子育て支援における児童館の役割も大きくなっている。地域における子育てのデイサービス的役割がますます期待されているのである。この章では，児童館の機能と活動内容を知るとともに，その役割についても理解を深める。

1　児童館の目的と対象

　児童館は「児童に健全な遊びを与えて，その健康を増進し，又は情操をゆたかにすることを目的とする施設」（児童福祉法第40条）として，児童厚生施設に位置づけられている。「健全な遊び」という言葉に象徴されるように，遊びを通して子どもの健全育成を目的として設置された施設である。児童の健全な遊び場の確保，健康増進，情操を高めることを目的としている。

　設置および運営主体は市町村または社会福祉法人などである。児童の遊びを指導する者として「児童の遊びを指導する者」（以下，児童厚生員）と呼ばれる職員が2名以上配置され，児童あるいは保護者の指導にあたっている。児童厚生員には①保育士の資格を有するもの，②幼・小・中・高いずれかの教員免許を有するもの，③大学において心理学，教育学，社会学，芸術学，体育学を専攻し卒業したもののいずれかに該当することが規定されている。児童館はすべ

ての児童を対象にしているが、指導の主な対象となるのは3歳以上から小学校低学年の児童と昼間保護者が不在の児童である。放課後、あるいは学校が休みの日などに児童館に来館し、ゲームやスポーツを通して異年齢の児童同士がかかわるなかで集団で活動することの楽しさ、協調性や思いやりを体得できるようにうながす。あるいは、音楽活動や制作活動を通して創造性を伸ばすことも重要である。そして、これらのことは遊びを通して指導されなければならない。

また、2003（平成15）年に児童福祉法が改正され、児童館の役割はさらに重要になった。前述した従来までの役割に加えて、子育て支援における児童館の役割が大きくなったのである。今日の子育て支援事業において、乳幼児とその保護者への対応も重要になってきている。多くの児童館では、午前中は乳幼児とその保護者を対象としている。児童館の施設を開放することで、似たような子育て中の親子が交流を深めることはもとより、さまざまなプログラム（絵本の読み聞かせ会、リズム遊び、母親教室など）を検討・提供していくことも、時代のニーズに応えることの一つであると言える。このような乳幼児とその保護者への対応は、今後ますます必要とされるプログラムであろう。

2 児童館の種類

児童館は、児童福祉法により定められた児童厚生施設であり、その規模や機能によって4つに大別することができる。

① 小型児童館

小地域を対象に、児童を集団的または個別的に指導・支援する。また、母親クラブや子ども会などの地域組織活動などの育成も、近年特に重要な役割として行われている。2005（平成17）年までに、小型児童館は全国に2,897か所設置されている。

② 児童センター

児童センターとは、上記に示した児童館の役割に加えて、運動を主体とする遊びの指導と体の健康づくりを目的とした機能を有している。これらの機能に

プラスして，特に中・高生の情操育成（音楽や映像，造形など）に力を入れている大型児童センターもある。2005（平成17）年までに，児童センターは全国に1,691か所設置されている。

③　大型児童館

小型児童館が小地域を対象に設置されているのとは対照的に，都道府県等の広域を対象とした施設である。施設の機能も児童の支援のほかに，職員やボランティアの育成や指導技術の開発，宿泊施設を兼ね備えており，多くの機能を有している。2005（平成17）年までに，大型児童館は全国に22か所設置されている。

④　その他の児童館

設備や運営等については小型児童館に準じ，対象地域の特性や対象児童の実態に対応して活動しているものをいう。2005（平成17）年までに，その他の児童館は全国で106か所設置されている。

3　子どもの日常生活

児童館の1日の流れは次のようになっている。ほとんどの児童館は開館準備を経て10時頃に開館する。基本的に利用する子どもや保護者の出入りは自由である。午前中の時間に未就園児と母親のための教室を運営している児童館が多い。簡単な手遊びを教えてもらうものや，親子で楽しめるリズム体操などを教える教室があったり，自由参加の絵本の読み聞かせなどが行われていたりする。もちろん，このような教室に関係なくのびのびと遊ぶことも可能であり，仲のいい親子同士がゆったり遊ぶ光景も見られる。

スタッフは，教室の運営にかかわったり，プレイルームの中にいるなどして，必要に応じて遊びに来ている保護者に働きかけたり，また質問に答えられるようにしている。昼食時間帯も，児童館によっては食事ができる部屋を用意していることが多い。それぞれの家族が食事を持参し，交流しながら昼食をとっている。食後も，子ども同士が遊んでいる姿をとらえながら，少し離れた場所で

保護者同士が会話を楽しんでいる。

　保護者にとっては，子どもを見守りながらほかの保護者と関わることができる時間であり，少しゆっくりできる時間でもある。

　14時以降は放課後の小学生が次々と遊びに来るので，午前中とはがらりと変わった雰囲気になる。児童館内のプレイルームでゲームや卓球に興じたり，園庭を使っておにごっこやサッカー，ドッヂボールを楽しんだりしている。もちろん遊びだけではなく学習もできる。自習室が用意されており，そこでは宿題をすることも可能であり，分からない場合などはスタッフに質問しながらすすめていく。

　児童館にはさまざまな年齢の子どもが集まるので，異年齢集団が形成されやすく，遊びの幅が広がることにつながる。また，自分より年長者との関わり方を学んだり，逆に年少者と関わる際には思いやりの心を学ぶなど，遊びを通して子どもの育ちに必要な機会を提供している。閉館時間は17時頃である。

4　事　　例

G児童館の概要

　都市部にあるG児童館で行われている子育て支援事業の様子を見てみよう。

　G児童館は街の中心部まで電車やバスで30分前後という，比較的交通の便もよい立地条件下にある。ニュータウンのように大規模なマンション地帯ではなく，古くからの住民と新興の住民が混合している状態にある。新しくやってきた若い世代も多く，子育てについての何らかの手立ても必要ではないかとの考えから，G児童館で子育て支援事業の一環で母親教室が開催されることになった。子育てをするなかでの疑問や感じることをともに話し合うことで，子育て中の孤独感や閉塞感を解消させるとともに，保護者間の新たな人間関係を築けないかということを目標に掲げて計画した。

　開催ペースは週に1回，2時間程度で午前中に開催することにし，8回を1クールとした。対象者は0～3歳ごろの乳幼児の保護者としたが，これ以上の

年齢の子どもと保護者でも希望があれば参加可能にした。できるだけ参加した保護者が話しやすいように，参加人数は10人程度に設定した。母親教室の際には，保護者が落ち着いて参加できるように，子どもは別の部屋で保育を行うことにした。そのために，子どもを保育できる保育士の配置と，サポートのための人材として大学生のボランティアを募った。また，参加者の呼びかけも始めた。児童館内に案内を掲示するとともに，来館した利用者に直接声をかけることもあわせて行うことにした。このようにして参加者の募集を行ったところ，12名の参加申し込みがあった。

母親教室

母親教室開始前に，参加申込者を対象に事前面接を行った。この母親教室に期待するところ，子育てをしていて気になること，子どもを別室で保育する際にアレルギーや子どもの性格等スタッフが把握しておいたほうがいいことなどを，個別に聞き取ることができた。この過程を通して参加者自身の母親教室に寄せる期待度を把握するとともに，運営する側も，母親教室で扱うテーマが参加者のニーズにあっているのかということもあわせて検討した。

母親教室当日になった。スタッフは事前にミーティングを行い，保育スタッフはそれぞれが重点的に見る子どもの確認を行い，個々の子どもの性格や好きな遊びやものの把握に努めた。初めて母子分離する親子もおり，保育スタッフが個別に見るということを保護者に伝え，できるだけ安心感をもってもらった。講座が始まると母子は分離し，子どもたちは一般の来館者も遊ぶ児童館のオープンスペースで保育を行った。当初は泣き出す子どももいたが，保育スタッフの細やかなかかわりのなかで徐々に落ち着いていった。その間，保護者は別室でグループ講座を行った。

5　アフターケア

このような講座を行う際の有意義な点はいくつかあるが，まずは何よりも参

加者自身の感情表出と新たな人間関係の創生が挙げられる。参加者である保護者は，日々の子育てのなかで感じる疑問やさまざまな感情を吐露し，またそれが同じような境遇の参加者に共感，理解されることで安定感を得ることができる。さらには，それまで児童館で顔をあわせることがあってもなかなか親しくなることができなかった保護者同士が親しくなるきっかけをつくることにもつながる。また，付属的な効果もある。保育を児童館のオープンスペースで行うことで，一般来館者の興味を引き，児童館で行っている事業を広め理解してもらうことがある。事業を知ってもらうとともに「そんな講座なら参加したい」という声を聞くこともでき，講座のPRにもつながる。また，保育をしている保育士に子育て上の気がかりな点を聞ける機会にもなり，講座本来の目的ではないが思わぬ副産物としての子育て支援につながることもあった。

参考文献
柏女霊峰『子ども家庭福祉・保育のあたらしい世界——理念・仕組み・援助への理解——』生活書院，2006年。
小木美代子・須之内玲子・立柳聡監修『児童館・学童保育の施設と職員——多機能，複合化する施設と職員の専門性——』萌文社，2006年。
児童手当制度研究会監修『児童健全育成ハンドブック　平成19年度版』中央法規出版，2007年。
ミネルヴァ書房編集部編『社会福祉小六法2008』ミネルヴァ書房，2008年。

読者のための推せん図書
遊びの価値と安全を考える会編『もっと自由な遊び場を』大月書店，1998年。
　　——日本だけでなく，世界の国の遊び場事情について書かれている。「遊び」が子どもの成長にとっていかに大事なものなのかを考えるとともに，児童館の役割についても考えることができる。
一番ヶ瀬康子・小沼肇編『子どもと福祉文化』明石書店，2004年。
　　——福祉は文化であるという視点から，子どもと福祉文化について多くの現場を取り上げた1冊である。児童館の事例もあり，中高生の子どもたちの活動も描かれており興味深い内容である。

第18章

里親における援助内容

　本来，子どもは家庭のなかで，親によって養育されることが望ましい。しかし，親の病気や死亡，行方不明，養育拒否，虐待など，さまざまな事情により家庭での生活ができなくなった場合，日本では，その多くは，児童養護施設や乳児院などの児童福祉施設で養育する「施設養護」の対象とされてきた。都市部では児童福祉施設の定員超過も深刻化しており，また，集団養護になじみにくかったり，より家庭的な環境のなかでの養育を必要とする子どもも多い。そういった子どもを養育する「家庭的養護」を代表するものが里親制度である。

　近年，国としても，乳児院，児童養護施設，里親に措置（委託）されている子どものうち，里親への委託率を，2003（平成15）年度の8.1％から2009（平成21）年度には15％まで引き上げるという具体的な数値目標を挙げ，里親委託を推進するべく，さまざまな支援策を強化している。

　この章では，児童福祉における里親の役割について理解を深めてもらいたい。

1　里親制度の目的と対象

里親制度とは

　里親による養育が制度として確立したのは，1948（昭和23）年に制定された児童福祉法によってである。里親とは，保護者のない児童又は保護者に監護させることが不適当であると認められる児童（要保護児童）を養育することを希望する者，養子縁組によって養親となることを希望する者等であって，都道府

県知事によって，児童を委託する者として適当と認められた者をいう。養子縁組を希望しない「養育里親」は，厚生労働省で定められた研修を修了することが，認定にあたっては必要である。

　2002（平成14）年に里親制度の大きな改正が行われ，児童福祉法に基づく厚生労働省令「里親の認定等に関する省令」，「里親が行う養育に関する最低基準」，厚生労働省雇用均等・児童家庭局通知「里親制度の運営について」などが出され，現在の里親制度は，それらを基本として運営されている。

　子どもの発達においては，乳幼児期の愛着関係の形成がとても大切であり，そのためには，できるだけ家庭的な環境のなかで，子どもにとって継続的な安定した人間関係が保障されることが必要である。温かい愛情と正しい理解をもった家庭のなかで養育する里親制度は，そういった意味でも有意義な制度であり，里親制度が「子どもの福祉のための制度」であるということを，社会的にも理解を深めなければならない。

里親の種類

「里親の認定等に関する省令」（2002〈平成14〉年）では，里親の種類として以下の4つが挙げられている。

　① 養育里親

　保護者がいなかったり，保護者が養育していくことが困難であったり不適当である子どもを養育する里親。将来的にも親による養育が難しい子どもや，養子縁組を必要とする子どもの場合は養子縁組完了まで，養育里親として養育する。

　② 親族里親

　親が死亡や行方不明，拘禁等によって，子どもを養育できなくなった場合に，子どもの親族（祖父母，伯〈叔〉父母など三親等内）関係にある者が，その子どもを養育する里親として認定される。

　③ 短期里親

　養育里親が委託される期間よりも短い期間（1年以内）を定めて養育する里

親。「週末里親」「季節里親」など，夏休みや週末を利用して，短期間の委託を断続的に受ける里親も含まれる。

④ 専門里親

虐待などによって心身に有害な影響を受けた子どもを，2年以内の期間を定めて養育する里親。2005（平成17）年度からは，「家庭の養護に欠け，非行及び不良行為などの問題を有する子ども」も委託の対象となった。専門里親になるには，養育里親として3年以上の養育経験があるか，3年以上児童福祉事業に従事した者で，専門里親研修の課程を修了することが必要である。

児童福祉としての養子縁組

里親制度は児童福祉法上の制度であり，養子縁組制度は民法上の制度であるが，要保護児童の養子縁組の場合は，両者は密接な関係をもっている。親の死亡や行方不明などにより保護者がいない子ども，遺棄や養育拒否など将来的にも実親に引き取られる見込みのない子どもの場合は，養子縁組によって法的な親子関係を結ぶことで，子どもに安定感を与え，永続性を保障してやることが望ましく，養子縁組制度も子どもの福祉にとってはとても大切な制度である。

子どもの養子縁組には，「普通養子縁組」と「特別養子縁組」がある。「特別養子縁組」は，子どもの福祉を守り利益を図るための制度として，1988（昭和63）年に新設された。縁組が成立すると，子どもと産みの親との法的な関係は一切なくなり，養親が唯一の親となり，原則として離縁は認められない。また，戸籍にも「養子（養女）」ではなく，「長男（長女）」という記載がされる。6歳以上の年長の子どもや実親の意向によっては，「普通養子縁組」で縁組を行う。この場合，産みの親との法的な関係（相続権や扶養義務）は残り，子どもは「二組の親」をもつことになる。

いずれも，養親となることを希望する者は，「養育里親」として養子縁組前提で子どもを迎え，家庭裁判所で養子縁組が認められ縁組が完了すると，里親委託は解除され里親子関係は終了することになる。

2　子どもの日常生活

「試し行動」と「赤ちゃん返り」

　里親家庭に迎えられた子どもは，当初は手のかからない素直な「よい子」であることが多い。新しい環境に置かれ，様子を窺っていたり，里親が自分のことをどこまで引き受けてくれるのかということを確認したりしている時期である。少しずつ新しい環境になじんでくると，「試し行動」や「赤ちゃん返り」と呼ばれる特徴的な行動が現れてくる。里親家庭が本当に安心できる場所なのか，里親が信頼できる人なのかを確認しようとするための行動である。驚くほどの過食になったり，特定のものばかり欲しがる偏食になったりという食にまつわる問題が出てくることも多い。里親が嫌がるようなことを挑発的に行ったり，殴る，蹴る，かみつくなどの暴力的な行為を里親に対して行ったりするが，それすらも受け入れてもらえることで，どんな自分であってもこの里親は引き受けてくれるのだという安心感を築いていくことになる。

　「赤ちゃん返り」では，常に抱っこやおんぶの要求をし，里親と片時も離れたがらないだけでなく，小学生であってもおしめをしてもらうことを要求したり，身の回りのすべてのことを里親にやってもらいたがったり，赤ちゃん言葉を使ったりする。里親が自分を受け入れてくれていると子どもが感じられることで，これらの行動を里親に対して出せるのであり，里親と子どもとの関係を築くうえで大切なステップとなるものである。

里親家庭での生活

　里親家庭は一般の家庭であるから，里親家庭に委託された子どもたちは，それぞれの家庭のスケジュールに沿って生活することになる。子どもがそれまで育った環境での生活習慣とは違うことも多いので，里親は，いきなり自分たちの生活習慣や文化を押しつけることのないよう心がけ，まずは，子どもが里親家庭を「安心できる場」であると感じられることが大切である。家族の一員と

しての関係が深められていくなかで，子どもは少しずつ各家庭のやり方を身に付けていく。施設と比べると，里親家庭での生活スケジュールには時間的な制約が少なく，柔軟性も高い。日々の暮らしには変化があり，そのなかで，各家庭で生活スケジュールを組み立てていくという体験を重ねていくことができる。家庭での日々の生活の積み重ねによって，子どもは親や家庭，家族というものはどういうものなのかを，実体験として具体的に学んでいくことができ，それらは子どもが将来自立し，自分の家庭をもつときの「モデル」となるものである。また，地域社会とのかかわりも密であり，子どもの社会性を広げていくことにもつながる。

　基本的な生活習慣を身に付けていくだけでなく，子どもは里親家庭の一員として迎えられることで，家族のメンバーとの信頼関係を築くことも学んでいく。里親委託される子どもは，生みの親から切り離されたり，児童福祉施設で生活したりという経験をもち，特定の大人との間に安定した人間関係や信頼関係を体験できていない場合も多い。里親家庭という少人数の人間関係のなかで，常に一定の大人が養育にあたり，「ありのままの自分」を受け入れてもらえるという体験を重ねることで，人に対する基本的な信頼感を培っていくのである。

3　事　例

再び父親の下に戻った事例
　小学3年生のK子と小学1年生のL男の姉弟は，両親の離婚後，父子家庭で生活していたが，父親が借金返済のために，遠方で住みこみ就労をすることが必要となり，養育里親に委託された。いずれは家庭復帰を目標としており，里親委託中にも月に1回のペースで父親との面会を続けて，父子の関係が切れないようにしてきた。2年半たって父親の借金返済の目処が立ったため，家庭引き取りとなった。K子は，里親家庭で，里母に教えてもらいながら積極的に家事の手伝いをし，父子での生活が始まってからも家事や弟の世話をがんばっているとのことである。

里親がずっと親代わりになった事例

　母子家庭で育ったM男は，小学校2年生の時に母の病気療養のために養育里親に委託された。母は病気治癒後，M男を引き取ることなく行方不明になってしまったため，そのままM男は里親宅での生活を続けることになった。中学校に入学してからは，M男の希望により，学校では里親姓を通称として使用していた。高校卒業後，里親委託は解除となり，M男と里親との里親子関係は解消されたが，M男は里親宅での生活を続け，里親宅より会社に通った。結婚により自立，結婚式には元・里親が親代わりで出席した。

里親の養子になった事例

　N子は，生後まもなく民家の前に置き去りにされているところを保護された。警察により捜査が行われたが，実親につながる情報は一切なく，N子は乳児院に入所することになった。このままでは実親の下に引き取られる見込みはないため，里親委託が検討され，生後6か月の時に養子縁組を希望する里親に委託された。半年後，里親は家庭裁判所に特別養子縁組の申立てをし，N子が1歳3か月の時に特別養子縁組が成立し，N子は晴れて里親夫妻の「長女」となった。

4　アフターケア

　短期で養育里親に委託された子どもの場合は，実親が子どもと暮らせる状況になれば家庭引き取りとなり，里親との関係も終了することがほとんどである。里親のなかには，子どもを受託している間に子どもの実親とも交流をもっている場合もあり，子どもが家庭に引き取られた後も，子どもの養育の相談相手となっているケースもある。

　長期養育の子どもの場合は，18歳（高校卒業時）で里親委託の措置は解除となるため，解除後の子どもの生活について，子ども自身にも具体的な見通しをもたせながら，将来の生活を考えていく必要がある。就職によって里親家庭か

ら自立する子どももいれば，引き続き里親と同居を続ける子どももいる。里親委託児童の委託解除後のアフターケアは，制度としては決して十分ではなく，里親が個人的に子どもの生活をサポートしているような場合もあるのが実情である。

養子縁組をされた子どもの場合は，縁組が成立した時点で里親委託については解除となり，里親と里子という関係は終了する。しかし，子どもに養子であるということを告げる「真実告知」や，自分の実親や養子に出された背景について知りたいという「ルーツ探し」など，フォローすべき課題は多い。

参考文献
厚生労働省雇用均等・児童家庭局家庭福祉課監修『子どもを健やかに養育するために』財団法人日本児童福祉協会，2003年。
家庭養護促進協会『里親が知っておきたい36の知識』エピック，2004年。
湯沢雍彦編著『里親入門』ミネルヴァ書房，2005年。

読者のための推薦せん図書
キャロル・リヴィングストン／庄司順一訳『どうして私は養子になったの?』明石書店，2003年。
　——養子となった子どもに，養親が「血のつながりのない親子であること」，「養子であることの意味」を伝える「真実告知」について述べた絵本。子ども向けの本だが，里親にとっても役立つ1冊である。
家庭養護促進協会編著『里親になってよかった』エピック，2005年。
　——季節・週末里親と養育（養子）里親という役割の異なる里親について，一冊にまとめて紹介。12人の里親たちが，子どもの具体的な交流の様子，親子としてのさまざまなかかわりのなかで考え，感じたことを語っている。
庄司順一編著『Q&A里親養育を知るための基礎知識』明石書店，2005年。
　——里親制度の内容や，里親養育の実際と課題について，83の基本的な知識，考え方をQ&A形式でまとめている。制度について，委託の手続き，里親養育の基本となる考え方など全8章で構成され，関係資料も収録されている。

第Ⅲ部

施設運営管理

第19章

子どもの養護にかかわる人々

　子どもの養護は，子どもの親や保護者だけでなく，国や地方公共団体が公的責任をもち，すべての国民が担うものである。1947（昭和22）年12月に制定された児童福祉法は，要養護児童であるかないかにかかわらず，18歳未満のすべての子どもを対象にし，児童福祉の向上を目的とした総合的な法律である。第1条においては，「すべての国民は，児童が心身ともに健やかに生まれ，且つ，育成されるよう努めなければならない」と，児童福祉の理念が示されている。

　子どもの養護は，「家庭養育」と「児童養護」に分けられる。「家庭養育」は一般家庭における親・保護者における養護のことであり，「児童養護」は社会による児童福祉サービスの取り組みであり，子どもの養育のサポートや代替・治療を行うものである。本章においては，児童養護に携わる児童福祉の専門職について，その職種と資格を説明する。また，「児童養護」のなかの「施設養護」に焦点を置き，子どもの生活支援を行う児童養護施設の職員の働きを説明し，専門職員が他機関や地域とどのように連携しているのかを明らかにする。

1 専門機関における専門職員の職種と職務と資格

　児童福祉法に規定される専門機関としては，「児童福祉審議会」「児童相談所」「福祉事務所」「保健所」がある。
　また，これらに携わる職種として代表的なものには，次のような職種がある。

児童福祉司

公的機関で相談援助などにあたる児童相談所における専門職の主たるものは，児童福祉司である。児童福祉司は，都道府県知事の補助機関である職員とし，児童相談所長の命を受けて，子どもの保護や福祉に関する相談に応じ，専門的技術に基づいて必要な指導を行い，子どもの福祉増進に努めるものである。

社会福祉主事

「福祉事務所」で相談援助にあたる専門職を「社会福祉主事」という。「社会福祉主事」が行う児童福祉法関連業務は，子どもと妊婦の福祉に関する把握・相談・調査・指導などである。保育所・助産施設・母子生活支援施設・在宅福祉サービスなどの相談に応じ，児童相談所との連携に基づく指導を行う。

家庭相談員

「福祉事務所」の多くには，「家庭児童相談室」が設置されており，子どもを育てるうえでのさまざまな問題を抱える親に対して助言や指導を行う。児童相談所よりも比較的小地域にして相談機能を充実させ，気軽に利用してもらえることを目的としている。児童相談所と連携しながら，地域の親子の相談にあたる家庭児童相談室の相談員を「家庭相談員」という。

児童委員

「児童委員」は，民生委員法による民生委員に職務が充てられたものであり，各市区町村に置かれる民間人であり，厚生労働大臣が委嘱する。任期は3年である。行政の協力機関として位置づけられ児童福祉司又は福祉事務所の社会福祉主事の行う職務に協力する。子ども及び妊産婦に関して，その生活ととりまく環境の状況を把握し，保護，援助，指導などを行う。

2 児童福祉施設における専門職員の職種と職務と資格

　児童福祉法に規定される児童福祉施設は、助産施設、乳児院、母子生活支援施設、保育所、児童厚生施設、児童養護施設、知的障害児施設、知的障害児通園施設、盲ろうあ児施設、肢体不自由児施設、重症心身障害児施設、情緒障害児短期治療施設、児童自立支援施設、児童家庭支援センターの14種類である。児童福祉施設最低基準では、児童厚生施設を児童館と児童遊園に、盲ろうあ児施設を盲児施設とろうあ児施設と難聴幼児通園施設に、知的障害児施設を知的障害児施設と自閉症児施設に、肢体不自由児施設を肢体不自由児施設と肢体不自由児通園施設と肢体不自由児療護施設にと、ニーズ別に細分化しているため、児童福祉施設は20種類に及ぶ。

　それぞれの児童福祉施設に配置されている専門職員は表19‐1（180～181頁）の通りである。配置されるべき職種や職員数は、児童福祉施設最低基準によって定められている。

　児童福祉施設における職員として求められる一般的要件は、児童福祉施設最低基準第7条において、「健全な心身を有し、児童福祉事業に熱意のある者であつて、できる限り児童福祉事業の理論及び実際について訓練を受けた者でなければならない」と定められている。また、それぞれの施設の目的を達成するために必要な知識及び技能の修得、維持及び向上に努めるように求められている。児童福祉施設における子どもへの直接的なケアにかかわる中心的な専門職は、児童指導員と保育士である。

児童指導員

　児童指導員は、児童福祉施設において子どもの生活指導を行うものであり、子どもの養護と自立への支援を担う。また、子どもの家族とそれをとりまく環境を調整するソーシャルワークの活動にも重要な役割を果たしている。保育士との実践上の業務の違いは明確ではない。

第19章 子どもの養護にかかわる人々

保育士

保育士とは，「専門的知識及び技術をもつて，児童の保育及び児童の保護者に対する保育に関する指導を行うことを業とする者」（児童福祉法第18条の4）のことである。保育所，乳児院，児童養護施設などの児童福祉施設に働く職員の大多数を占めている。直接子どもたちの日常生活の支援や指導を行い，子どもの保護者に対しても子どもに関するさまざまな連絡・調整・指導を行う。

母子指導員

母子指導員は，母子生活支援施設において母子の生活指導にあたる職員である。

児童自立支援専門員・児童生活支援員

児童自立支援専門員は，児童自立支援施設において子どもの自立を支援する専門職である。児童生活支援員は，児童自立支援専門員とともに，子どもの生活指導・職業指導・学科指導・家庭環境の調整等を行う職員である。

家庭的養護の担い手

「児童養護」は大きく「家庭的養護」と「施設養護」に分けることができる。「施設養護」の職種・資格・内容については説明してきたので，最後に「家庭的養護」の担い手について触れておく。「家庭的養護」の担い手は，養育里親や養子縁組里親が挙げられる。家庭的養護は，子どもに対してより家庭的な環境を提供できるがそれに加えて里親の専門性も重要視されている。社会保障審議会児童部会の「社会的養護のあり方に関する専門委員会」では，2003（平成15）年10月の報告書において，里親を福祉専門職として位置づけることを検討している。里親については，第18章で解説している。

第Ⅲ部　施設運営管理

表19-1　児童福祉施設最低基準に基づく児童福祉施設の職員

施設名	施設数	在所者数	職員数	職　種
助産施設	425			医療法に規定する職員，1人以上の専任又は嘱託の助産師（第二種助産施設）
乳児院	120	3,143	3,755	医師又は嘱託医，看護師（一部保育士又は児童指導員に代替可能），栄養士，調理員
母子生活支援施設	278	10,822	1,952	母子指導員，嘱託医，少年を指導する職員，調理員又はこれに代わるべき者
保育所	22,720	2,118,352	426,843	保育士，嘱託医，調理員
児童養護施設	559	30,764	14,280	児童指導員，嘱託医，保育士，栄養士，調理員，職業指導を行う場合には職業指導員
知的障害児施設	254	9,808	7,187	児童指導員，嘱託医，保育士，栄養士，調理員，職業指導を行う場合には職業指導員
自閉症児施設	7	235	518	医療法に規定する病院として必要な職員，児童指導員，保育士（第二種の場合，これに医師及び看護師が加わる）
知的障害児通園施設	254	8,981	4,417	児童指導員，嘱託医，保育士，栄養士，調理員，職業指導を行う場合には職業指導員
盲児施設	10	137	159	嘱託医，児童指導員，保育士，栄養士，調理員，職業指導を行う場合には職業指導員
ろうあ児施設	13	165	196	嘱託医，児童指導員，保育士，栄養士，調理員，職業指導を行う場合には職業指導員
難聴幼児通園施設	25	746	297	嘱託医，児童指導員，保育士，栄養士，調理員，聴能訓練担当職員，言語機能訓練担当職員，職業指導を行う場合には職業指導員

肢体不自由児施設	62	2,730	4,462	医療法に規定する病院として必要な職員，児童指導員，保育士，理学療法士又は作業療法士，職業指導を行う場合には職業指導員
肢体不自由児通園施設	99	2,608	1,517	医療法に規定する診療所として必要な職員，児童指導員，保育士，看護師，理学療法士又は作業療法士，職業指導を行う場合には職業指導員
肢体不自由児療護施設	6	237	193	嘱託医，児童指導員，保育士，看護師，栄養士，調理員，職業指導を行う場合には職業指導員
重症心身障害児施設	115	11,215	14,631	医療法に規定する病院として必要な職員，児童指導員，保育士，心理指導を担当する職員，理学療法士又は作業療法士
情緒障害児短期治療施設	31	1,131	790	医師，心理療法を担当する職員，児童指導員，保育士，看護師，栄養士，調理員
児童自立支援施設	58	1,836	1,793	児童自立支援専門員，児童生活支援員，嘱託医及び精神科の診療に相当の経験を有する医師又は嘱託医，栄養士，調理員，職業指導を行う場合には職業指導員
児童家庭支援センター	61		154	支援（児童福祉法第44条の2第1項に規定する業務）を担当する職員
児 童 館	4,718		17,592	児童の遊びを指導する者
児童遊園	3,649		794	児童の遊びを指導する者

(出所)　施設数及び在所者・職員数は，厚生労働省統計情報部「社会福祉施設等調査報告（平成18年）」（2006年10月1日現在）。

3 施設養護職員の働きと専門性

　施設養護において子どもの直接的なケアを担う児童指導員は，子どもにかかわる専門職であるが，子どもの直接的なケアを担う専門職への社会的評価は十分でないのが現状である。理由について考えてみると，まず一つは，地域において児童養護の正しい理解がされていないということである。社会的養護の役割や機能，そして専門職員の必要性が，偏見によってゆがめられている。二つ目は制度上の理由が考えられる。児童福祉法において，児童養護の機能として専門機関であるという規定はない。また児童指導員の専門性の規定もない。三つ目は児童指導員の業務が多忙すぎるということである。その結果，専門性を吟味することができない状況にある。

児童指導員の特徴

　児童養護施設における児童指導員の特徴は，日常生活において子どもとかかわりながら対応しているということである。病院の相談室でソーシャルワーク機能を行う場合は，相談室という日常から切り離された場所と時間が確保できる。しかし，児童養護施設で児童指導員が行うソーシャルワーク機能は日常生活と切り離しができない。児童指導員は子どもの日常生活という生活をまわしながら，その一瞬一瞬で判断をし，その影響と子どもたちの力動を観察し，予測を立てながら支援している。一つのケアを行うために，その瞬間で分析をし，アセスメントをして，リスクを考え，支援プランを決定している。児童指導員の業務は専門職の行う業務と言える。日常生活をしながら援助計画を立てソーシャルワークをしている。「日常生活における行動」の裏づけにソーシャルワーク機能を活用し，ソーシャルワーク効果を出している。ところが，現場では日常生活に忙殺されているため，実際には専門性を活用しているにもかかわらず，児童指導員自身がその業務に専門性を生かしていないと思ってしまうのである。

第 19 章　子どもの養護にかかわる人々

児童指導員の専門性

　児童指導員の専門性には3つの特性がある。一つ目は，児童指導員の日常業務において，専門知識に基づき理論を展開し，アセスメントしており，児童指導員の「意図」にはソーシャルワーク機能が含まれているが，表面上には見えないということである。

　二つ目は，児童指導員のそれぞれの業務が複数のソーシャルワーク機能を含んでいるということである。生活のなかで子どもと直接かかわっている場面において，児童指導員は子どもへの対応である直接援助機能だけではなく，支援効果予測を立て，子どもの状況・心境・経緯などをアセスメントし，地域・関係機関・スタッフとのネットワーキングも展開している。

　三つ目は，日常生活のなかには，子どもをとりまく環境すべての要素があり，人と環境をとりまくすべての相互作用が影響することを含めたアセスメントが重要であるということである。子どもの生活は，地域・関係機関・スタッフの各レベルに影響している。児童指導員は，日常生活と専門性との間でしばしば葛藤を抱きながら業務を遂行するため，支援の効果測定を行うアセスメントが重要であると考えられる。

児童指導員の現状
(1)　専門性と日常性の葛藤

　児童指導員の「専門性」と「日常性」は2層構造であることが考えられる。児童指導員の表面上の業務の土台には，職員が「意図」している「専門性」があり，それを活用して日常性に対応しているのである。表面上の業務は描写しやすいものだが，その土台にある専門性は，職員の「意図」を聞かなければ明らかにならないものであり，職員の「意図」を提示する場がないために覆い隠されている。また，児童指導員の業務が多忙で，多くの業務に追われ，しかもその業務は複合的で，児童指導員自身がそれぞれの業務の点検をする余裕もないことによって，「意図」を自覚できない現状もある。

　児童指導員は日常生活をしながら援助計画を立て，ソーシャルワークをして

いることによってそれなりの効果を出している。生活場面のなかで子どもと日常生活をともにしながら，子どもの危機対処能力を量っている。また，一見日常的に見える場面もソーシャルワークの観点から分析することで，子どもにどのように対応したらよいのか計画を立てることができる。一方，日常生活における専門性の限界もある。日常生活をしながらソーシャルワークの援助計画を立てるため，課題の優先順位をつけて対応しなければならない。ソーシャルワークの視点をもちつつし・つ・け・をすることで，常に葛藤もある。

　児童指導員は，その限界と効果について意識して援助を遂行すること，土台である「意図」を自覚することで，「意図」を含めた業務を実施でき，専門職としての機能を果たしうると考えられる。

(2) 専門性の意識の向上の必要性

　常に日常生活に埋没しやすい児童指導員の業務は，児童指導員がその土台である専門性を意識することが重要なのであるが，その業務が複合的でかつ多忙すぎることから，専門性を再構築・再検討できないという悪循環が起こっている。それを断ち切るためには，児童指導員の専門性の意識を向上させ，定着させることが必要である。よって，より専門性の高い機能を果たすために児童指導員がとりくむべき今後の課題については，児童指導員が，土台である専門性の意識を向上させるために，また専門職として常に新しい知識を得，技術を習得するためには，スーパービジョンや研修の充実が必要であり，重要なことであると考える。

　児童養護施設において日常生活をともにしている児童指導員だからこそ，日常生活で行う業務について，自らの専門性を明らかにし，専門職が行う子どもへのかかわり方を評価することができると考えられる。このことは，子ども虐待をしている親が抱える問題を解明する手がかりになるかもしれないし，子ども虐待という大きな課題をかかえる児童福祉において，重要なことであると考える。今後，児童養護施設では理論に基づく専門的な知識や技術を使った子どもへの対応の仕方が必要になってくることが予測される。

参考文献

福祉士養成講座編集委員会編『児童福祉論』中央法規出版，1990年。

鈴木政次郎編著『現代児童養護の理論と実践――新しい福祉ニーズに対応する児童養護の展開――』川島書店，1999年。

黒木保博・山辺朗子・倉石哲也編著『ソーシャルワーク』中央法規出版，2002年。

松原康雄・山縣文治編著『児童福祉論』ミネルヴァ書房，2002年。

鈴木力編著『児童養護実践の新たな地平――子どもの自立支援と権利擁護を実現するために――』川島書店，2003年。

浜野真理「児童養護施設における児童指導員のソーシャルワーク援助について」2005年度修士論文。

山縣文治『児童福祉論』ミネルヴァ書房，2005年。

読者のための推せん図書

鈴木力編著『児童養護実践の新たな地平――子どもの自立支援と権利擁護を実現するために――』川島書店，2003年。
　――実際に施設養護実践に携わった経験をもつ研究者と実践者が協働して児童福祉施設での具体的な支援のあり方を問い直し，新たな児童養護実践の方向性や具体的な支援のあり方を提示している。

福山和女編著『ソーシャルワークのスーパービジョン――人の理解の探求――』ミネルヴァ書房，2005年。
　――著者の1人である「私」という新人ソーシャルワーカーの視点から，スーパービジョンとコンサルテーションの事例を取り上げる実践編とスーパービジョンとコンサルテーションを理論的に概説している理論編からなる。ソーシャルワーカーをめざす人にも，現役実践者にも最適。

山縣文治『児童福祉論』ミネルヴァ書房，2005年。
　――児童福祉論を学ぶうえにおいて，まず子どもとは何か，子どもの生活とそれをとりまく環境と福祉問題を理解することができる。児童福祉施策やサービス体系等児童福祉の基本的知識を学ぶことができる。

第20章

児童福祉施設の運営管理

　わが国では，終戦直後に制定された児童福祉法，社会福祉事業法（現・社会福祉法）によって児童福祉体制の骨格が形成された。そして重要な役割を担う各種の児童福祉施設では，省令である児童福祉施設最低基準が制定され，国が子どもたちの施設福祉サービスのミニマムスタンダードに責任をもつ形で全国一律に水準化が図られ保たれてきた。しかし現在では，各施設を運営する事業者が，独自によりよいサービスを提供すべく切磋琢磨する時代が訪れてきている。この章では，児童養護の拠点となる児童福祉施設に定められている最低基準と運営のための費用負担の仕組みの理解を目的としている。

1 児童福祉施設最低基準

児童福祉施設最低基準の概要
(1) 児童福祉施設最低基準の制定経過と趣旨
　児童福祉施設最低基準（以下，最低基準とする）の構想は，終戦直後の連合軍総司令部（GHQ）が日本に招聘したフラナガン神父によるものであると伝えられている。わが国では当時，浅賀ふさ女史がGHQのマーカーソン氏から借り受けたワシントン州の基準を翻訳。これが1947（昭和22）年12月に編纂された日本社会事業協会児童部の「児童福祉施設最低基準案」に重要なヒントを与え，この案を基礎として，1948（昭和23）年4月に厚生省児童局の原案ができあがったとされている。この最低基準の内容は，制定当初から，物的な「設備」

と配置される職員を含めて，施設をどう動かすかという「運営」の2つの要素からなり，健康にして文化的な生活を保障するのに必要な最低限度の基準という意味で憲法第25条の趣旨に添うものである。

　さて，現行の児童福祉法第45条では，「厚生労働大臣は児童福祉施設の設備及び運営並びに里親の行う養育について，最低基準を定めなければならない」としている。そして，その基準については，児童の身体的，精神的及び社会的な発達のために必要な生活水準を確保するものでなければならず，児童福祉施設の設置者は，この最低基準を遵守しなければならない。さらに，児童福祉施設の設置者（及び里親）は，設備及び運営についての水準の向上を図ることに努めるとされていて，子どもたちの生活水準向上への努力主体は，あくまでも子どもを保護している者であり，その手のなかにあることを明示していると言えよう。

(2)　最低基準遵守のためのしくみ

　戦後のGHQは日本の社会福祉事業について，公的責任の下で体制づくりをするという基本方針を有していた。そのため，児童福祉施設の設置については，児童福祉法第35条に規定されているように，国と都道府県に設置の主体と義務を置いている。また市町村は都道府県知事に届け出て設置することができるとされていて，これら公立の児童福祉施設にあっては国の政令や都道府県の条例によって施設を設置するため，当然省令である児童福祉施設最低基準を遵守することになる。

　さらに，その他の者は，厚生労働省令の定めるところにより，都道府県知事の承認（社会福祉法人等の事業認可）を得て，設置することができるとされているため，事業認可を得る段階で，設置される施設が最低基準を遵守しているかどうかは当然問われることとなる。また，設置後も事業が適切に運営されているかどうかの報告の徴収等（行政監査）が定期的に都道府県によって行われる。さらに施設の設備や運営が最低基準に達しないときには，都道府県知事が必要な改善を勧告する。また勧告に従わず，かつ子どもたちの福祉に有害な状況にあるときは，改善命令を出すことや，さらに著しく子どもの福祉に有害な場合

には，都道府県児童福祉審議会の意見を聴き，事業停止等を命ずることができる（児童福祉法第46条）。

児童福祉施設最低基準の構成

　最低基準は，大きく3つの部分から構成されている。まずはじめに，第1章の総則として掲げられている部分は，省令の趣旨，目的やすべての児童福祉施設が遵守すべき事項について記したものである。そして第2章から第11章までは，各種の児童福祉施設について，個別に具体的な基準を定めたものである。最後の部分は，施行期日などを示した附則となっている。

(1)　第1章　総則の内容

　総則では，すべての児童福祉施設に共通の事項が示されているが，大きく分けると基本的原則事項・管理事項・権利擁護事項という観点で分けられる。

　　①　基本的原則事項

　まず，最低基準の目的として，明るくて衛生的な環境といった「物的設備面」と，素養があり，かつ適切な訓練を受けた職員によって子どもたちが心身ともに健やかに，社会に適応するように育成されることが保障されるという「専門職の配置基準を含めた運営面」の双方から，最低基準のもつ意味を明示している。最低基準の向上については，都道府県知事が地方社会福祉審議会に意見を聴取して，監督する児童福祉施設に対し，最低基準を超えて，設備及び運営を向上させるように勧告することができること，また厚生労働大臣は，最低基準を常に向上させる努力義務があるとしている。そして児童福祉施設は最低基準を超えて常に設備及び運営を向上させる義務とともに，最低基準を理由として設備及び運営を低下させてはならないとしている。施設の構造設備の一般的原則では，それぞれの施設の目的を達成するために必要な設備を設ける義務と，採光，換気等入所している子どもたちの保健衛生や危害防止に十分な考慮を払って設けることなどが定められている。また，児童福祉施設だけでなく他の社会福祉施設もあわせて設置する場合には，必要に応じて設備，職員の一部を兼ねることができるが，ただし入所している者の居室及び各施設に特有の

第20章 児童福祉施設の運営管理

設備，入所している者の保護に直接従事している職員は兼ねることはできないとされている。職員の一般的要件としては，健全な心身を有し，児童福祉事業に熱意のある者であって，できる限り児童福祉事業の理論及び実際について訓練を受けた者でなければならないとし，さらに施設の目的を達成するために必要な知識及び技能の修得，維持及び向上の努力義務を置き，施設は職員に対してその資質の向上のための研修の機会を確保する義務があることを定めている。

② 管理事項

総則のなかでは，児童福祉施設全般の運営管理についても掲げられている。非常災害時の対応のために具体的計画を立てて不断の注意と訓練（少なくとも月に1回の避難・消火訓練）をすること，食器や飲用水の衛生管理はもとより感染症予防の措置，子どもの入浴（1週間に2回以上）や清拭，必要な医薬品の備蓄と管理，入所児や職員の健康診断（入所児に関しては，入所時と，少なくとも年に2回の定期健康診断及び臨時の健康診断を学校保健法に規定する健康診断に準じて行うこと，職員に関しては，特に食事を調理する者の健康診断には綿密な注意を払うこと），食事は健全な発育に必要な栄養量を含有するものであること，献立はできる限り変化に富むものであること，食品の種類及び調理方法について，栄養並びに子どもの身体的状況及び嗜好を考慮したものでなければならないこと，また調理はあらかじめ作成された献立に従って行わなければならないことなど，子どもの安全や発達を確保するための最低限度の管理事項を定めている。さらに入所している者の援助に関する事項や，その他施設の管理についての重要事項に関する規定を設けること，職員，財産，収支及び入所している者の処遇の状況を明らかにする帳簿をおかなければならない等が示されている。

③ 権利擁護事項

近年，入所している子どもの権利を擁護する観点からの重要事項が書き加えられてきている。入所している子どもの国籍，信条，社会的身分又は入所に要する費用を負担しているか否かによって差別的扱いをしてはならないこと，児童虐待の防止等に関する法律に掲げる行為やその他子どもの心身に有害な影響を与える行為をしてはならないこと，施設長は懲戒権を持つことができるが，

身体的苦痛を与え，人格を辱める等その権限を濫用してはならないこと，職員は業務上知り得た利用者や家族の秘密を正当な理由なく漏らしてはならないこと，またかつて職員であった者が，漏らすことのないように必要な措置を講じること，苦情への対応に必要な処置を講じることなど，子どもや家族の権利を擁護する仕組み等も総則のなかで定められている。さらに，2008（平成20）年の児童福祉法改正では，施設に入所している子どもたちへの虐待に関して，発見者の通告義務や子ども自身の届出と都道府県の構ずべき必要な措置が定められたため，子どもの権利擁護の観点は，ますます大切なものとなっていくであろう。

(2) 第2章以降，各施設の基準

児童福祉施設は，児童厚生施設，保育所など家庭から子どもが通って生活の一部として利用する施設と，養護問題等により子どもが施設に入所して，そこが子どもの生活の場となる施設（居住型施設），そして療育訓練等障害児が，その特性にあったサービスを利用する施設，さらには母子が生活をともにする母子生活支援施設や助産施設，地域や関係機関等との連携により，相談支援等を担う児童家庭支援センターなどの施設に分けられる。特に助産施設では妊産婦が対象であったり，障害児施設では，利用する子どもの特性によって，医療的な設備を整える必要があり，医療法に基づく病院としての設備が求められるもの（第一種）と，診療所としての設備が求められるもの（第二種）とに区別されているものがある。

さて，各種別の児童福祉施設には，児童福祉法上の施設の目的（第36条から第44条の2）を達成するため，施設に求められている各機能をもつ部屋やその広さ，配置される専門職と資格要件，子どもあたりの職員配置数などが定められている。また，知的障害児施設の「職業指導を行うに当たって遵守すべき事項」では，児童養護施設の規定が準用されていることや，児童養護系施設群（乳児院，児童養護施設，情緒障害児短期治療施設，児童自立支援施設，母子生活支援施設）では，自立支援計画の策定義務が置かれていることなど，各種別の施設基準だけに注目するのではなく，横断的に最低基準を読み込むことも，児童福

祉施設をより理解するうえでは必要である。

(3) 職員の配置基準

最低基準にかかわる課題としては，特に職員配置基準の是正が叫ばれている。現在，子ども虐待の顕在化とともに，児童養護施設等に被虐待児の入所が増加し，情緒的に深刻な問題をもつ子どもの行動化への対応や，きめの細かい心のケアへのとりくみには，とても現行の最低基準に定められた配置基準では対処できなくなってきている。確かに，厚生労働省の通知による予算措置によって配置される専門職は見られるが[3]，直接子どもたちにかかわる恒常的な人員配置の向上が求められている。

また，各種別の施設の本来の目的を超えた子どもの入所という事態も起きていて，たとえば，知的障害児施設が満床である等の理由で，児童養護施設に中程度の知的障害児の入所が見られる。ところが，この双方の施設では，児童指導員及び保育士の配置基準が若干異なっていて，学童以上の子どもで考えた場合，児童養護施設では6：1に対して，知的障害児施設では4.3：1である。

2 費　用

措置費制度

(1) 措置と契約

現行の児童福祉法体制では，乳児院，児童養護施設，情緒障害児短期治療施設，児童自立支援施設といった児童養護系の児童福祉施設への入所とその費用負担のあり方は，措置費制度という仕組みで行われている。これらの児童福祉施設への入所は，一般に「措置」と呼ばれているが，行政法上の位置づけでは「行政処分」という性格であるとされている。これは施設入所の要否と入所先の決定を行政が専門的に判断するためである。

戦後，わが国で構築された社会福祉施設体系では，すべての社会福祉施設への入所が「措置」によって行われていた。しかし，現在では利用者が行政に制度適否の決定の申請を行ったうえで，サービスを提供してくれる事業者を選択

し事業者と契約を行う,という介護保険制度や支援費制度が,多くの社会福祉施設の利用方式になっている。児童福祉施設においては,障害者自立支援法の制定により,まず障害児等の在宅サービスが支援費制度に移行し,さらに入所施設においても全面的に移行することとなった。しかし,子どもの福祉施設の入所については,保護者の意向と子どもの福祉とが相容れない場合があり,児童養護系の施設群では,近年の児童虐待問題の顕在化から措置制度を残存させている。ただし,障害児の入所型施設も,児童虐待などの理由があり,保護者が子どもの施設入所に同意をしない場合,措置による入所もありうる。これは高齢者や障害者の施設利用の場合も,行政の判断による措置が技術的には残存しているのと同様である。

(2) 措置にかかる費用の仕組み

行政の判断による施設入所措置が行われると,措置費という施設の運営維持のための経費が施設に支弁される。終戦後,GHQ の指導により社会福祉に関する事業は国が責任をもって対処するべきであることや,公金の支出に関して制限を設ける必要があることなどが示唆され,憲法第89条に公金その他の公の財産は,宗教上の組織若しくは団体の使用,便益若しくは維持のため,又は公の支配に属しない慈善,教育若しくは博愛の事業に対し,これを支出し,又はその利用に供してはならないということが規定された。

しかし当時,明治時代からの篤志家たちの児童福祉施設事業が大正期の社会事業に引き継がれ,脈々と運営されていた。公的資金を断つことは,その存続そのものを危うくするおそれがあった。ここで国が定めた内容で都道府県の認可を得るということ,また国が定めた最低基準の遵守を求め,公的な監督を行うことで,公的支配に属する慈善,博愛事業として公的資金の支出を可能とする途が生まれた。これが社会福祉法人として認可された施設事業に支弁される措置費である。この支弁義務者は,子どもを措置した都道府県,政令指定都市等であり,これはまた入所に係る費用の一部又は全部を扶養義務者から負担能力に応じて徴収することができる徴収権者でもある。

なお,都道府県立や中核市立,市町村立などの公立施設の運営経費は,施設

を設置している地方自治体が全面的に支出し、国立の施設の場合（たとえば、「武蔵野学院」や「きぬ川学院」といった児童自立支援施設）には国がその入所後に要する費用をすべて負担する。

　民間の児童福祉施設に支弁される措置費は、特定の目的のために予算化されている国庫補助金等から賄われ「児童保護措置費負担金」と称されている。国が2分の1、都道府県や政令指定都市、中核市、児童相談所設置市といった措置権者が2分の1を負担することになっている。「負担」とは、その事業に要する費用の性質からして、国と地方公共団体の双方が経費を出すべきものについて原則的に用いられている言葉で、本来地方公共団体が経費を賄うべきものである。[4] 都道府県等の措置権者は、毎月施設に措置費を支弁するとともに、保護者等から負担金を徴収するが、これは当事者の収入に応じた応能負担となっていて、保護者等は前年度の所得税額に応じて決定された額を月ごとに都道府県等に支払う。

事務費と事業費

　さて、措置費は事務費と事業費に分けられる（表20-1、次頁）。事務費は施設職員の給与等の人件費や建物の維持管理費などであり、事業費は子どもたちの食費や学校に就学するための教育費などである。施設では、建物設備の規模により入所定員が定められているが、毎月1日の現員数（在籍児童数）を都道府県等が調査し、その月の措置費支弁額を決定する。よって月途中の入所については、翌月からの支給となる。

　国庫負担の対象となる措置児童1人当たりの措置費の保護単価は、各年度のはじめに都道府県知事または指定都市、中核市、もしくは児童相談所設置市の長により各費目ごとに個々の施設単位に定められ、この保護単価に毎月の措置児童数等を乗じて得た合計額を施設に対して支弁する。しかし事業費については、直接子どもたちに対して使われる経費であり、しかも最低生活を実質的に保障するものであるため、原則として国の基準をそのまま保護単価として設定することとされている。

第Ⅲ部　施設運営管理

表20-1　児童養護施設の措置費の概要

事務費		
人件費		最低基準を基礎とする職種と定数の職員を確保するための費用
管理費		施設の維持管理に必要な経費
民間施設給与等改善費		公立施設の職員給与との格差是正のための特別な財源措置事業費
事業費		
生活諸費	一般生活費	給食に要する材料費等，日常生活に必要な経常的諸経費
教育諸費	教育費	義務教育用の学用品費，教材代等
	学校給食費	学校から徴収される実費
	見学旅行費	小学6年，中学3年，高校3年の修学旅行の交通費，宿泊費等
	入進学支度金	小学1年，中学1年への入進学に必要な学用品等の購入費
	特別育成費	高等学校等教育用の学校納付金，教科書代，学用品，通学費等
	夏季等特別事業費	夏季等に行われる臨海，林間学校等に出席するために必要な交通費等
その他の諸費	期末一時扶助費	年末の被服費等の購入費
	医療費	診察，治療，投薬，手術等の医療費
	職業補導費	義務教育修了児が職業補導機関に通う交通費
	児童用採暖費	冬季の採暖に必要な燃料費
	就職支度金	退所児の就職に必要な寝具類，被服類等の購入費
	大学進学等自立生活支度費	退所児の大学進学等に伴い必要な住居費等
	葬祭費	死亡児の火葬又は埋葬，納骨費等

（出所）「児童保護措置費保育所運営費手帳（平成19年度版）」。

　人件費を含む事務費については，国の示す事務費の保護単価をそのまま施設の保護単価として設定し，措置権者が年度当初に設定した月額保護単価にその施設の定員を乗じた額がその月の事務費として支弁される。これは「事務費の定員払い」と呼ばれ，在籍児童の変動に対して一定の職員の確保が見込める点で安定した事業が継続できるが，定員と現員との間にほとんど開差がないことが前提となっているため，定員に対して前年度の平均在籍児童数を基準として10％以上の開差は認められないこととし，それ以上の開差がある場合は，定員そのものを改定するか，暫定定員を設けることが要求されている。

　また措置停止の場合は，子どもは施設に籍を置いていても，現実に身柄は施設にいないため，事業費の支弁は行われないが，事務費については支弁される。さらに子どもの一時保護は，児童相談所長が適当と認めた者に委託することができるため，施設で一時保護を受けることがある。特に乳児を一時保護する場合は，乳児院に保護することが多い。この場合の費用負担は，一時保護を行っ

た都道府県等が支弁し，これは日額が設定されている。

支援費制度

1997（平成9）年，現代社会の変化に対応できる新たな社会福祉制度の構築をめざして社会福祉基礎構造改革の審議が始まり，障害者福祉サービスについても，従来の行政や事業者主導型ではない利用者主体の制度を構築していくことになった。その結果，2003（平成15）年には，①自己決定の尊重，②利用者本位のサービス提供，③利用者と事業者の対等な関係，④自らのサービス選択，⑤契約によるサービス利用，⑥サービスの質の向上をめざして，措置費制度ではない新たな利用制度として支援費制度が導入された。

さらに，2005（平成17）年11月に成立した障害者自立支援法によって，障害児・者の福祉サービス利用は，全面的に自立支援給付によって運営され，身体・知的・精神障害者の福祉制度が統合され，総合的な支援が展開されていくことになった。

障害児の福祉サービスでは，まず在宅支援サービス（児童デイサービス，短期入所，居宅介護・ホームヘルプ）が支援費制度に移行し，さらに障害児自立支援法の施行によって各種の障害児福祉施設入所に関しても，自立支援給付に掲げられた介護給付費の中の施設入所支援サービスとして経費の給付が行われることになった。

支援費制度の仕組みと利用の手順

障害児福祉サービスの場合，扶養義務者（保護者）が居住地の市町村窓口（福祉事務所等），もしくは指定相談支援事業者を通じて支援費制度利用の申請を行う。市町村では，当事者に面接をし，心身の状況や当事者が置かれている環境等の調査を行い，障害程度区分の判定と認定，支給の決定が行われる。介護給付費の申請の場合は，市町村に置かれた学識経験者からなる市町村審査会の審査を経て，その結果に基づいた障害程度区分の認定によって支給決定の判断が行われる。決定された場合には，サービス支給量等が記載された障害福祉

サービス受給者証が保護者に交付され，障害の程度等級とともに，月度利用最大額を決めて当事者に通知を行う。保護者は，その範囲内で，当事者が都道府県や政令指定都市から指定を受けている事業者のなかから選定して，契約を行う。契約を受けた事業者は，当事者に代わって支援費からサービス費用の9割を代理受領し，当事者は受益負担として，1割の利用負担金を払うという仕組みである。

児童養護から見た制度上の課題
(1) 子どもの最善の利益の確保

障害をもつ子どもの福祉という観点から見た場合，支援費制度は大きく2つの課題をもっていると考えられる。一つは，支援費制度の理念そのものにかかわる問題で，自己決定，利用者本位，事業者との対等性，自らのサービス選択，契約という基本的な考え方が，子どもの手の中にはないという点である。子どもの法定保護者等は子どもの福祉を最大限に考慮するものという前提に立てば何も問題は生じないが，児童虐待の事例など，必ずしも子どもの福祉と保護者の意向とが一致しないケースが児童養護の領域には存在している。

また，児童虐待とまでは言えなくとも，子どもは保護者の生活事情の手の中にある。子どもの最善の利益を保障するという観点からは，1割の自己負担を伴うサービスの契約について保護者の判断に委ねている点は，若干の問題をもっていると考えられる。ここではケアプランを策定する時に子どもの福祉の視点と保護者という利用判断者の意向とをどのように調整するかということが制度的技術的な課題となる。

(2) 子どもの発達と生活の全体性

また，もう一つの課題は入所施設のサービスを日中活動と居住支援という体系に分立し，また日中活動も介護給付，訓練等給付，地域生活支援事業と，生活そのものをいくつかの角度から切り取って費用支給をする体系に置き換えたことである。子どもは発達という大切な特性をもつ存在であり，そこでは生活そのものを全体としてとらえ，多面的な角度からかかわる必要がある。たとえ

ば，食事介助の場面において，介護なのか訓練なのか一元的に切り取れないものがある。障害児が食事をとっている場面を想定してみよう。その子どもが何か熱っぽい様子で，食事が進んでいないとき，それに気づき適切な対応をすることは，看護である。

また，一緒に食事をとる人たちの気分を悪くしない食べ方という，テーブルマナーの観点からの指導もできるだろう。これはし・つ・け・という教育である。何か落ち着かなげな様子や，普段と違う気にかかる様子があるとしたら，それは心理的な理解かもしれない。生活行為そのもののなかに，多様な観点とかかわりが存在し，それが子どもを生活主体として育成させていく。そのような生活そのものを，設定されたサービスという観点から切り取り，それぞれに単価を設定して施設の運営費に換算するというあり方そのものが問われるのである。

子どもの福祉は生活そのものから始まる。特に施設の人的環境（専門職の安定的配置）は子どもの生活に大きく影響を及ぼすことはいうまでもない。現状では，障害児施設の入所保護に関して，子ども虐待のケースについては措置制度で，その他のケースは支援費制度でという混在方式がとられているが，本当にそれでよいのかを議論する必要がある。

注
(1) エドワード・ジョゼフ・フラナガン神父（Edward J. Flanagan）は，ある死刑囚の告白から少年保護事業に関心をもち，1917年にアメリカ・ネブラスカ州オハマにスラムの孤児たちを保護する子どもの家を創設。やがてボーイズタウン（少年の町）という子どもたちを主体とする壮大な町を建設した。日本に招聘されて，わが国の児童保護事業だけでなく，共同募金の構想にも大きな示唆を与えたとされている。
(2) 松崎芳伸『児童福祉施設最低基準』日本社会事業協会，1949（昭和24）年では，当時の厚生省児童局企画課長であった松崎芳伸氏によって，この最低基準制定の経過や意義，当時の児童保護事業に携わっていた人たちの評価などが述べられている。
(3) たとえば，平成11年4月30日厚生省発児第86号厚生事務次官通知「児童福祉法による入所施設措置費等国庫負担金について」，平成16年5月17日雇児発第0517001号厚生労働省雇用均等・児童家庭局長通知「被虐待児受入加算費について」では，虐

第Ⅲ部　施設運営管理

　　待等を理由とする入所児童の増加に対応するため，心理療法担当職員の専門職の雇上費や当該児童（世帯）の日常の生活諸費等に充てるものとして加算するなど，通知による職員加配は見られる。
(4)　一方，国が奨励的な趣旨で財源の一部を援助するものは「補助」と呼ばれる。

参考文献
坂本洋一『図説　よくわかる障害者自立支援法』中央法規出版，2006年。
日本児童福祉協会『児童保護措置費保育所運営費手帳』平成19年度版，2007年。
『社会保障の手引き――施策の概要と基礎資料（平成19年1月改訂）――』中央法規出版，2007年。

読者のための推せん図書
坂田周一『社会福祉政策』有斐閣アルマ，2000年。
　――近年の社会福祉，社会保障の制度改革を踏まえて，費用と負担のあり方を分かりやすく解説している。政策の全体像を理解するための良書。

第21章

児童養護施設の今後の課題と近未来像

　今，子どもの未来を考える時，地球規模の課題から考えていく時代になってきている。「21世紀こそこどもの世紀に」が子ども家庭福祉に携わる者のテーマとなっている。子どもを我々の未来とするならば，地球の温暖化や地域間の貧困格差など解決しなければならない大きな問題が横たわっている。その中で今，日本に生まれた子どもたちは幸せと言えるだろうか。子どもたちが幸せ一杯の笑顔の国にするためには，どのような子ども家庭福祉のシステムが必要なのかを考察してみたい。

1　社会的養護の児童施設は必要か

　30年ぐらい前は経済の高度成長の好景気と少子化の中，児童養護施設は定員割れを起こし，3分の1の施設はいらなくなるのではないかと考えられていた。もともと児童養護施設は他の福祉施設と違い，世の中が不景気になると入所児が増加するという傾向をもっている事は指摘されていた。つまり国が豊かになれば居住型の児童福祉施設は不要であると考えられていたのである。
　しかし21世紀に入りモンスターが現れたのである。それが家庭の機能崩壊に伴う子ども虐待の深刻化である。現在，居住型施設や里親の下で暮らしている社会的養護の子どもの数は少子化の中でも4万人いると言われている。このことを誰が予想しえたであろうか。もはや子どもの養育は家庭の中の問題ではなく社会（国，地方公共団体）が責任をもって行うべきものなのである。つまり，

2 社会的養護の施設の課題
―― 子どもへの権利侵害 ――

　今，国（厚生労働省）が非常に大きな問題として捉えているのは児童養護施設などで行われる「子どもの権利侵害」である。施設が国の管理監督の責任のもとにおかれている中で，さまざまな事犯が施設内で起こり国はその対応に苦慮している。児童養護施設等の関係者にとっては嫌な言い方であるが，「施設内虐待」という言葉も最近の国の通知にも見られるようになってきている。

　近年の児童養護施設内人権侵害事件の報道件数は増加傾向にある。最近では埼玉県や和歌山県で起こった女性職員による入所児童への性的な虐待がマスコミにも大きく取り上げられた。このこともあって国は2006（平成18）年10月に「児童福祉施設における施設内虐待の防止について」という通知を出し，地方自治体に対し①職員の資質向上のための体制整備，②子どもの意見表明の機会および施設運営の透明性の確保，③各児童福祉施設との連携体制の確保および強化といった点を促している。

　施設における子どもへの権利侵害の予防対応として，施設管理者の姿勢に関する問題，職員に関する問題，制度等に関する問題が挙げられる。施設管理者に関する問題としては，理事長，施設長自身の正しい児童観や権利擁護思想，今日的福祉観や民主的な施設運営などが求められている。また，職員に関する問題として，福祉職員としてのより高度な専門性，すなわち，福祉倫理観をベースとして知識や技術の習熟面や社会性，組織性などが求められる。
制度的な問題としては，最低基準の問題が大きく，職員配置基準は1976（昭和51）年から据え置かれたままになっており（表21-1），子どもたちの最善の利益を保障している人員とは言いがたい状況にある。

　こういった状況に対して，人権侵害防止のため，第三者評価システムの導入，

第 21 章　児童養護施設の今後の課題と近未来像

表 21-1　直接処遇職員定数改正の変遷

年度(西暦)	昭和38(1963)	昭和39(1964)	昭和41(1966)	昭和43(1968)	昭和44(1969)	昭和45(1970)	昭和46(1971)	昭和47(1972)	昭和51(1976)	平成21(2009)
6歳以上児	10：1	9：1	8：1	8：1	8：1	8：1	7.5：1	7：1	6：1	6：1
年少児				7：1	6：1	6：1	5.5：1	5：1	4：1	4：1
3歳未満児	6：1	6：1	6：1	6：1	6：1	3：1	3：1	3：1	2：1	2：1

（出所）　筆者作成。

第三者委員，苦情解決権利擁護委員会，都道府県による監査の強化等が制度としてとりあげられ，取り組まれている。

なお，2008（平成20）年11月26日に可決成立した児童福祉法の一部改正の中でも被措置児童等虐待の防止等（第6節）を新たに条文化している（参照，改正法）。

3　児童福祉施設の近未来像と新たな国の動き

近未来像パートⅡの提言

1996（平成8）年，全国児童養護施設長協議会は近未来像を発表した。

これは終戦直後に，戦後処理の一環として孤児救済の役割を果たした歴史を引きずることなく，むしろそれとは決別し，新たな「児童養護施設」のあり方を模索しようとしたものである。その後，この「養護施設の近未来像」（後にパートⅡというかたちで出されたので，これをパートⅠと呼ぶ）が積み残した課題や先送りした多くの問題に対して，再度検討し，取り組んだのが2003（平成15）年の近未来像パートⅡ（全国児童養護施設長協議会制度検討委員会編）である。先の報告書から8年が経過し児童養護施設を取り巻く状況は一変した。すなわち，子ども虐待が顕在化，深刻化することによって施設が満床になる状況となった。その状況下で検討されたのが近未来像パートⅡである。近未来像パートⅡによると，まず施設をユニット化して，できるだけ「施設生活」を「家庭生活」に近づけて小さな生活単位で個別化された援助ができるようにすることが提言さ

第Ⅲ部　施設運営管理

図21-1　大舎制養護から地域分散型養護への移行イメージ

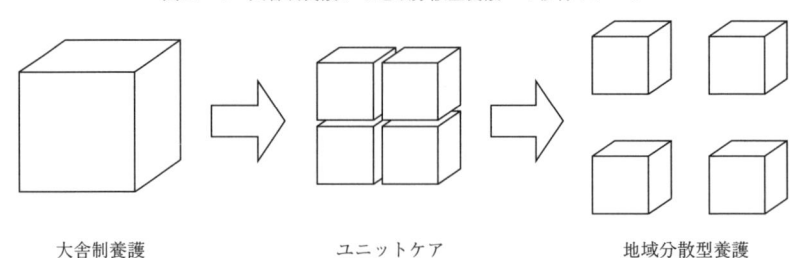

　　　大舎制養護　　　　　　　ユニットケア　　　　　　　地域分散型養護

（出所）　全国社会福祉協議会児童養護施設協議会制度検討特別委員会小委員会編『子どもを未来とするために——児童養護施設の近未来——』2003年，34ページ。

図21-2　児童養護施設の基本型

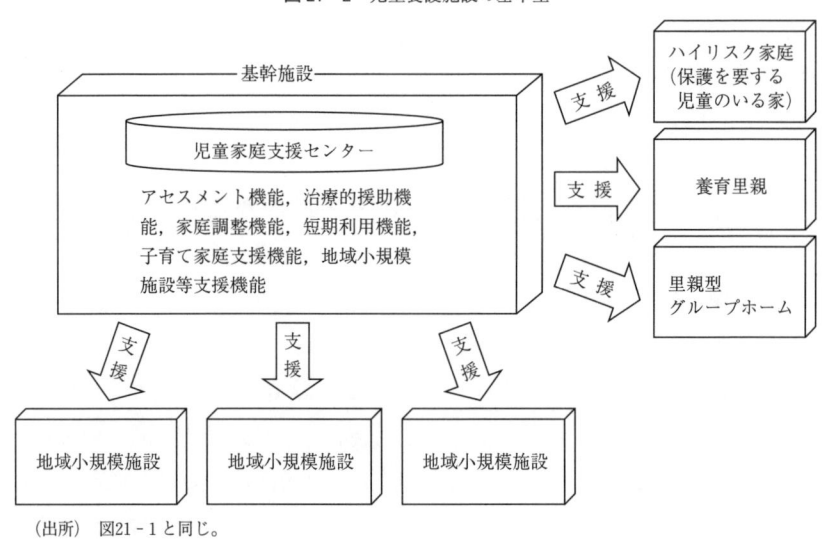

基幹施設

児童家庭支援センター

アセスメント機能，治療的援助機能，家庭調整機能，短期利用機能，子育て家庭支援機能，地域小規模施設等支援機能

支援 → ハイリスク家庭（保護を要する児童のいる家）
支援 → 養育里親
支援 → 里親型グループホーム

支援 → 地域小規模施設
支援 → 地域小規模施設
支援 → 地域小規模施設

（出所）　図21-1と同じ。

れた。まず児童養護施設の大舎制を小舎制もしくはユニット制に移行，その次の段階では小規模なグループホームを施設外の地域に分散させる（図21-1）。そして本体となる施設は治療的な養育が必要な子どものケアとショートステイやデイケア，トワイライトケアなどの総合的な子育て支援機能を持った児童家庭支援センター（基幹施設）にする（図21-2）。これが近未来像パートⅡの提言である。このような考え方での施設作りはすでに実践がはじまっている。

社会的養護のあり方検討委員会報告

2007（平成19）年2月，厚生労働省は「今後目指すべき社会的養護体制に関する構想検討委員会」を立ち上げた。児童養護施設は戦後の戦災孤児の収容施設としてスタートし，その時代の社会状況を反映した形で構築されてきたが，社会状況の大きな変化に対応できるだけの質・量を備えていないため，抜本的見直しと本格的社会資本の投入が求められるとの認識から立ち上げられたものである。同年6月には中間まとめが公表されているので，それに従って論点を整理しておく。

具体的施策として，①里親制度の拡充，②小規模ユニットケアの推進，③子どもの権利擁護の強化とケアの質の確保，④社会的養護を担う人の人材確保とその質の向上などがある。

国がこれらの多様な方向から要保護児童について検討し政策ベースにのせていこうとするという事態はかつてなかっただけに評価に値する事である。また，同年9月からは社会的養護専門委員会として里親代表や社会的養護の各施設の代表が委員となって参加する形ですすめられている。施設の最低基準の見直しなど児童福祉法の大幅な改正に結びついていくことが期待されている。

4　社会的養護の児童養護施設の近未来像

筆者が児童養護施設の児童指導員だった頃，より少人数の生活単位（6～7人）で3人程度のケアワーカーで援助するといった，グループホームの構想は夢であった。欧米で実現していると聞き，あこがれを持っていた。

社会的養護が必要な子どもたちの生活の質を高めるためには，それが国の政策課題として認識される事が重要である。そのためには地域社会に理解してもらえるような啓発活動が必要となる。また職員も専門性を高め，それらを社会に認めてもらうことによって，ケアワーカーの地位を向上させる事も大切である。わが国の場合，それらの動きは，まだ始まったばかりと言える。大規模施設から地域に分散されたグループホームや小規模施設に移行していく流れは大

切なことである。しかし，社会福祉法人が運営する施設に比べて，基盤の弱いファミリーグループホームなどでは，財政的にも組織的にも弱体化すれば孤立し，たちまち子どもたちの行き場がなくなるようなことも想定される。

欧米の児童養護施設はその多くが種別転換か廃園となってしまい，里親かグループホームかの選択しかなくなってしまった。そのため里親やホームを転々と変わるケース（ドリフト・漂流）も多発し，安定的に運営できる施設の復活が模索されていると聞く。

わが国においては，児童福祉施設が急激な子ども虐待の増加により，さまざまな問題に直面し機能不全の状態に追い込まれている現状にあるが，家族問題の被害を受けた子どもたちこそ，ケアの個別化や援助の安定性と継続性が大切であり，国による大幅な社会資本の投入が必要である。

しかし，現在の児童養護施設のあり方を否定して，養育里親かファミリーグループホームばかりにするという考えには疑問がある。まずは子どもが自ら選べるような多様な選択肢を確保する事が必要である。子どもたちには同じような境遇の仲間が心のよりどころになり，ある程度の集団の中で育ち会う環境も大切である。一概に集団生活を否定的に捉えたり，適正規模の人数を決めるだけでは決して好ましい事とはいえないと思う。

家庭での養育が困難な子どもたちを公的責任で暖かく受け入れる養育システムは，形だけではなく幅の広さや柔軟性と多様性が求められる。

社会的養護の近未来像を考える時に必要な事は，望ましい施設像（絵にかいたもち）を作っていくのではなく，近未来の予測の中での子ども（状況）や家庭（状況）に沿った社会的システムの追求ではないだろうか。今後，社会的養護の「養育システム」の中で子どもの援助に取り組む者の視点は子ども一人ひとりの姿から社会全体を捉えていく事にある。

児童養護施設が我が国のセーフティネットの一つとして多くの人々から信頼され認められる近未来の社会的養護システムづくりは今はじまったばかりである。

第21章　児童養護施設の今後の課題と近未来像

参考文献
農野寛治・合田誠編『養護原理』ミネルヴァ書房，2008年。

読者のための推せん図書
山縣文治・林浩康編著『社会的養護の現状と近未来』明石書店，2007年。
　──特に「里親・養子縁組の動向」がくわしく述べられ，また「海外の児童養護の動向」（アメリカ，イギリス，オーストラリア）についても述べられており近未来を考えるうえで示唆に富んだ内容である。

あ と が き

　2007（平成19）年5月，熊本にある慈恵病院という民間病院が，「こうのとりのゆりかご」(1)（通称赤ちゃんポスト）の運用を開始した。厚生労働省は，児童福祉法，児童虐待の防止等に関する法律，刑法などの観点から検討した結果，「ただちに違法とは言えない」との解釈で，医療法に基づいて設置を認めた。「ゆりかご」は，育てられなくなった子どもを，匿名で預けることのできる仕組みで，実際にすでに20人近い子どもが預けられたという。

　本書を通じて養護原理を学習したあなたは，これをどのように評価されるであろうか。

- 虐待問題が深刻化しているので，公立病院や児童福祉施設もこのような「ゆりかご」を作るべきである。
- いまある制度やサービスが機能していないのなら，新しい仕組みとして評価してもよいのではないか。
- 積極的には賛成しないが，命が救われることは他の何にもかえがたいので，緊急的な対応としては仕方がないのではないか。
- 子どもが親を知る権利を損なうことになるので，せめて匿名はやめるべきである。
- 子捨てを助長することになるので，やめた方がよい。
- 親の養育責任の放棄を認めることになる。
- やはり保護責任者遺棄罪にあたるのではないか。

　すべての子どもに豊かに生きる権利があることは，本書を通じて理解されていると思う。「豊かに生きる」ということは，児童の権利に関する条約に照らし合わせて考えると，生存権や社会権としての受動的権利だけではなく，自由権や市民権としての能動的権利を保障されることも意味している。社会は，そ

あとがき

れを保障するために常に努力をしなければならない。

　それでは，社会が行うべき努力とは何なのか。それは，大きく4つある。

　第1は，すべての子どもがかけがえのない存在であり，生まれた家族環境，障害の有無，出身地などにかかわらず，一人ひとりの成長発達に応じて，社会的な支援が必要であることを社会が認めるということである。養護原理において学習してきた子ども観などもこれに含まれる。子どもに対する社会的な価値の醸成と言うこともできる。このなかには，時には子どもを育てる親や地域社会も支援の対象となる，ということの理解も含む。

　第2は，支援のために必要な制度やサービスを整備することである。必要な制度やサービスとは何か（種類），どれだけの量を準備すればいいのか（量），どのような中身にすればいいのか（質），どこに作ればいいのか（配置），必要な制度やサービスを準備する際には，このような点を考慮する必要がある。

　第3は，整備された制度やサービスと，ニーズ（人・家族・地域）とを結びつける力を高めることである。これは，養護力といってもよい。結びつける力を高めるには，表明されていないニーズを掘り起こす力，次々と明らかになるニーズを整理し（アセスメント），解決のための道筋をつける力（援助目標の設定と計画策定），その道筋に沿って援助を進めていく力（実行力），サービスや制度が不足していたり，存在しない場合に新たに作る力（ソーシャルアクション）などの力を，それぞれ高めていく必要がある。

　第4は，専門職としての倫理観あるいは福祉の仕事にかかわる職員の自覚である。自覚する中身は，子どもの人権・権利を保障することの意味，子どもの生活における職員のかかわりの重要性，そのために日々研鑽に努め，成長していく必要性などである。子どもへのかかわりにおいて，職員自身の人間観や価値観は，プラスにもマイナスにも作用する。子どもやその保護者の特性にあわせた，柔軟な援助観をもつことが職員には求められる。

　ひるがえって，冒頭の「こうのとりのゆりかご」のことを考えてみよう。子どもの人権・権利は「ライフ」という視点からとらえなければならない。このライフには，生命，生活，人生の3つの意味がある。「こうのとりのゆりかご」

は生命次元での対応にとどまるもので、生活や人生という側面への対応については、制度に組み込まれた有機的な連携を保障することなく、強引にバトンタッチすることとなってしまっている。すなわち、生活や人生という視点での人権・権利については、既存の社会的養護システムとの調整をすることなく、当然のこととして引き継ぐものとなっているということである。果たしてそれだけで、十分なのか。

　あなたが働く職場でこの子どもが生活することとなったとしよう。子どもが「私を産んだお母さんやお父さんはどうなっているの」と尋ねてきたら、学校で「お父さんお母さんは、どのような思いで貴方の名前をつけられたのか聞いてきましょう」と言われたら、大きくなって「自分のお父さんやお母さんのことをさがしたい」と言ってきたら。このような状況になった場合、皆さんはどのような対応をすればいいのか。本書では、あくまでも原理原則を学んだにすぎない。学んだ知識を活かすには、具体的な事例や実践のなかで、あなた自身が考えることが重要である。執筆者一同、このことを期待している。

　　注
　(1)「こうのとりのゆりかご」については、慈恵病院 HP に紹介されている。http://www010.upp.so-net.ne.jp/jikei/yurikago/2-3.html

さくいん

あ
愛着　120, 143
愛着保護　98
アウトリーチ型　122
赤ちゃん返り　170
アフターケア　92
育児支援サービス　50
意見表明　202
石井十次　34
インケア　140
ウェルビーイング　11, 155
ウェルフェア　11
瓜生岩　32
援助計画　84
エンパワメント　155
岡山孤児院　34

か
開放施設　125
乖離　120
学習指導　126
家庭学校　36
家庭支援専門相談員　81, 122
家庭相談員　177
家庭的養護　22, 167, 179
家庭養育　22
家庭養護　4
棄児養育米給与方　31
虐待　8, 201
救護法　38
狭義の養護　4
行政監査　187
矯正施設　125
居住生活型施設　20, 201
近未来像パートⅡ　203

苦情解決権利擁護委員会　203
グルーピング　119
グループホーム　205
健康管理業務　98
現任訓練（OJT）　90
権利擁護事業　189
広義の養護　4
構造化　143
子ども家庭福祉　10
子ども家庭福祉相談窓口　47
子どもの権利条約　12
子どもの権利ノート　83
子どもの最善の利益　82, 196
子どもの養護　176
個別の教育支援計画　146

さ
作業活動　127
作業療法士（OT）　139
里親　6
里親制度　167, 202, 205
事業費　193
指針的な親や子どもの意向も踏まえた計画　97
施設内虐待　202
施設養護　4, 19, 23, 202
施設養護職員　182
肢体不自由児　137
肢体不自由児施設　136
肢体不自由児通園施設　149
実践記録　88
四天王寺　30
児童委員　177
児童家庭支援センター　204
児童館　161

209

児童虐待の防止等に関する法律　72
児童虐待防止法　38
児童憲章　13
児童指導員　81,178
　——の現状　183
　——の専門性　183
　——の特徴　182
児童自立支援施設　123
児童自立支援専門員　179
児童生活支援員　179
児童手当法　67
児童の権利に関する条約　155
児童福祉　10
児童福祉司　177
児童福祉施設　178
児童福祉施設最低基準　80,117,186
児童福祉施設不要論　42
児童福祉法　12,41,63,136
児童扶養手当法　65
児童保護措置費負担金　193
児童養護　22
児童養護施設　102
支弁義務者　192
事務費　193
社会的養護　29,201
社会的養護のあり方に関する専門委員会　25
社会福祉基礎構造改革　195
社会福祉事業法　186
社会福祉主事　177
社会養護　24
就学指導委員会　160
障害児　62
障害児福祉サービス　195
障害児保育　146
障害者自立支援法　71,131,136
小規模施設　205
小規模住居型児童養育事業　44
小規模分園型母子生活支援施設　114
小規模ユニットケア　205
少子化対策　58

小舎制　203
情緒障害児短期治療施設　116
少年教護法　38
少年法　73
ショートステイ　139,204
　——・トワイライトステイ事業　114
職員の配置基準　191
自立支援　55,60
自立支援計画　84
親権代行　91
真実告知　173
親族里親　168
信頼関係　121
スーパービジョン　90
生活課題　88
セーフティネット　206
説明責任　89
セラピー（心理療法）　119
セラピスト　121
戦災孤児等保護対策要綱　40
専門里親　169,179
専門性と日常性　183
総合環境療法　117
ソーシャル・ワーク機能　122
ソーシャルスキル・トレーニング　152
粗大運動　151
措置費制度　191

た————
第三者委員　203
第三者評価システム　203
大舎制　203
タイムアウト　119
試し行動　170
短期入所生活援助事業　50
地域　7
地域小規模児童養護施設　7
チームワーク　107
知識・技術・価値（倫理）　85

210

知的障害　*142*
知的障害児施設　*131*
知的障害児通園施設　*142*
通所養護　*24*
特別支援学級　*132*
特別支援学校　*132*
特別支援教育コーディネーター　*146*
特別児童扶養手当等の支給に関する法律　*66*
特別な配慮が必要な子ども　*160*
特別養子縁組　*169*
都道府県児童福祉審議会　*189*
留岡幸助　*36*
ドメスティックバイオレンス（DV）　*111*
トワイライトケア　*204*

な
日課　*117*
乳児院　*96*
年長児寮　*129*
脳性まひ　*136*
ノーマライゼーション　*149*

は
バーンアウト　*51*
箱庭療法　*119*
発達障害　*116*
発達障害児　*62*
発達障害者　*62*
発達障害者支援法　*70*
被虐待児処遇論　*44*
ひとり親家庭　*62*
ファミリーグループホーム　*206*
フォスターケア・ドリフト　*42*
フォローアップ　*100*
福祉倫理観　*202*
福田思想　*30*
父子家庭　*69*
普通養子縁組　*169*
不登校　*116*
分教室制　*126*

分校制　*126*
並行通園　*146*
保育看護　*98*
保育機能強化事業　*114*
保育士　*81, 139, 179*
保育士加配　*146*
保育所保育指針　*156*
方面委員制度　*38*
保護単価　*194*
母子及び寡婦福祉法　*68*
母子指導員　*179*
母子生活支援施設　*110*
母子生活支援施設倫理綱領　*115*
母子分離　*111*
母子保健法　*67*
母子寮　*110*
ホスピタリズム論争　*41*

ま
メアリー・エレン事件　*37*

や
夜間養護事業（トワイライトステイ）　*50*
遊戯療法（プレイセラピー）　*119*
ユニット制　*203*
養育　*2*
養育里親　*168, 201*
養育システム　*206*
養護　*2*
養護施設の近未来像　*203*
養護の基本原理　*13*
要保護児童　*29, 205*
要保護児童対策地域協議会　*157*

ら
リービングケア　*134*
理学療法士（PT）　*139*
リスク児　*151*
リハビリテーション　*149*
リミット・セッティング（行動制限）　*119*

ルイス・デ・アルメイダ　30
ルーツ探し　173

欧文 ─────────────
ADHD　119
ADL　139

執筆者紹介 (執筆順, ＊印は編者)

＊遠藤和佳子（第1章）
現在, 関西福祉科学大学社会福祉学部社会福祉学科准教授。主著:『児童福祉論』ミネルヴァ書房, 2006年（編著）。『相談援助のための福祉実習ハンドブック』ミネルヴァ書房, 2008年（編集）。

橋本　好市（第2章）
現在, 関西福祉科学大学社会福祉学部社会福祉学科准教授。主著:『障害者福祉論』みらい, 2007年（編著）。『子育て上手』棋苑図書, 2006年（編著）。

鈴木　崇之（第3章）
現在, 会津大学短期大学部専任講師。主著:『児童虐待時代の福祉臨床学――子ども家庭福祉のフィールドワーク――』明石書店, 2002年（共編著）。『よくわかる養護内容・自立支援』ミネルヴァ書房, 2007年（共編著）。

＊谷口　純世（第4章）
現在, 愛知淑徳大学医療福祉学部福祉貢献学科准教授。主著:『よくわかる養護原理』ミネルヴァ書房, 2005年（分担執筆）。『子ども家族援助論』川島書店, 2003年（共著）。

＊松宮　満（第5章）
現在, 関西福祉科学大学社会福祉学部社会福祉学科教授。主著:『新「福祉」をみる・考える・支える』中央法規出版, 2001年（分担執筆）。『新版・生活問題の社会学』学文社, 2001年（分担執筆）。

阪本　博寿（第6章, 第8章）
現在, 清心寮施設長。主著:『はじめての保育・教育実習』朱鷺書房, 2002年（分担執筆）。『家族援助論』ミネルヴァ書房, 2008年（分担執筆）。

栗延　雅彦（第7章）
現在, 和泉乳児院院長。主著:『養護原理』ミネルヴァ書房, 2008年（分担執筆）。

廣瀬　みどり（第9章）
現在,（社）みおつくし福祉会東さくら園施設長。

藤本　勝彦（第10章, 第21章〈共著〉）
現在, 大阪府衛生会理事長。主著:『児童福祉論』ミネルヴァ書房, 2006年（分担執筆）。『養護原理』ミネルヴァ書房, 2008年（分担執筆）。

有信　伸一（第11章）
現在, 大阪府立修徳学院企画調査課長。

直島　正樹（第12章, 第13章）
現在, 大阪成蹊短期大学専任講師。主著:『障害者福祉論』みらい, 2007年（共著）。『社会福祉の基本体系』(第4版) 勁草書房, 2008年（共著）。

越智　紀子（第14章, 第15章, 第16章）
現在, 関西福祉科学大学非常勤講師。主著:『よくわかる家族援助論』ミネルヴァ書房, 2007年（分担執筆）。

鎮　朋子（第17章）
現在, 梅花女子大学現代人間学部専任講師。主著:『児童相談所で出会った子どもたち』ミネルヴァ書房, 1998年（分担執筆）。『子どもの悲鳴, 大人の動揺』中央法規出版, 1999年（分担執筆）。

山上　有紀（第18章）
現在, 家庭養護促進協会大阪事務所ソーシャルワーカー。主著:『ソーシャルワーカーの仕事』朱鷺書房, 2001年（分担執筆）。『養護内容の理論と実際』ミネルヴァ書房, 2007年（分担執筆）。

髙林　真理（第19章）
元・児童指導員。

農野　寬治（のうの　ひろはる）（第20章）
現在，大阪大谷大学教育福祉学部教授。主著：『ソーシャルウェルビーイング事始め』有斐閣，2000年（共著）。『よくわかる子ども家庭福祉』ミネルヴァ書房，2004年（分担執筆）。

山縣　文治（やまがた　ふみはる）（おわりに）
現在，大阪市立大学生活科学部教授。主著：『よくわかる子ども家庭福祉』ミネルヴァ書房，2004年（編著）。『児童福祉論』ミネルヴァ書房，2005年。

大橋　和弘（おおはし　かずひろ）（第21章〈共著〉）
現在，希望の杜施設長。

＜監修者紹介＞

大島　侑（おおしま・たすく）
　　1936年　生まれ。
　　1961年　明治学院大学卒業。
　　　　　　山口福祉文化大学学長。
　主　著　『社会福祉実習教育論』（編著）海声社，1985年。
　　　　　『社会福祉実習』（編著）海声社，1992年。
　　　　　『精神保健』（編著）川島書店，1997年。

シリーズ・はじめて学ぶ社会福祉④
養護原理

2009年3月1日　初版第1刷発行　　　　　検印廃止

定価はカバーに
表示しています

監 修 者	大　島　　　侑
編 著 者	遠　藤　和　佳　子 谷　口　純　世 松　宮　　　満
発 行 者	杉　田　啓　三
印 刷 者	坂　本　喜　杏

発行所　株式会社　ミネルヴァ書房
607-8494　京都市山科区日ノ岡堤谷町1
電話代表（075）581-5191番
振替口座01020-0-8076番

©遠藤和佳子・谷口純世・松宮満, 2009　　冨山房インターナショナル・兼文堂

ISBN 978-4-623-05278-3
Printed in Japan

大島　侑 監修
シリーズ・はじめて学ぶ社会福祉
A 5 判・全巻平均200〜250頁

❶ 社会福祉概論
❷ 社会福祉援助技術論
❸ 児童福祉論
❹ 養護原理
⑤ 障害者福祉論
❻ 高齢者福祉論
❼ 地域福祉論
❽ 社会福祉実習論
⑨ 介護福祉論

ミネルヴァ書房
白ヌキ数字は既刊
http://www.minervashobo.co.jp/